Archéologie de la Bible hébraïque
Culture scribale et Yahwismes

Archéologie de la Bible hébraïque
Culture scribale et Yahwismes

Christophe Lemardelé

Archaeopress Publishing Ltd

Summertown Pavilion
18-24 Middle Way
Summertown
Oxford OX2 7LG

www.archaeopress.com

ISBN 978-978-1-78969-228-0
ISBN 978-1-78969-229-7 (e-Pdf)

© Christophe Lemardelé and Archaeopress 2019

All rights reserved. No part of this book may be reproduced, or transmitted, in any form or by any means, electronic, mechanical, photocopying or otherwise, without the prior written permission of the copyright owners.

This book is available direct from Archaeopress or from our website www.archaeopress.com

À *Francolino J. Gonçalves,* In Memoriam

Table des matieres

Remerciements iii
Introduction 1
    Pluralité de livres 2
    Une culture scribale 4
    Un monothéisme bien particulier 7

Partie I : « La » Bible, produit d'une culture scribale

Chapitre I : La Genèse comme point de départ... et d'arrivée 9
    Théorie documentaire et « post-documentaire » 10
    Hétérogénéité des textes 15
    Repérages en terre promise 20
    Emprunts et traditions 22

Chapitre II : Développement d'une pensée sacerdotale 25
    Constructions exégétiques 25
    Pensée sacerdotale versus écoles rédactionnelles 29
    Sacrifices apotropaïques intégrés dans le système 32

Chapitre III : Activité scribale, autres livres 35
    Tétrateuque, Hexateuque, Ennéateuque 35
    Livres « historiques » et prophétiques 37
    Livres dans le désordre 40
    Culture scribale, littérature foisonnante 41

Partie II : Le monothéisme, fusion de deux formes de yahwisme

Chapitre I : Aux origines du yahwisme 44
    Faire l'histoire d'Israël et de son dieu séparément 45
    La théorie des deux yahwismes 49
    Origine du yahwisme : hypothèses 52
    Généalogie du yahwisme 55
    « Préhistoire » du yahwisme israélite 59

Chapitre II : Anthropologie du monothéisme 66
    Yhwh est-il jaloux ? 67
    Pourquoi la métaphore de la prostituée ? 71
    Parenté et famille au Proche-Orient ancien 74
    Retour à la théorie des deux yahwismes : monolâtrie et monothéisme 83

Chapitre III : Messianisme en Judée 89
    Yahwisme samaritain 90
    Judée hellénistique et romaine patrilinéaire 93

Conclusion 98
Bibliographie 101

Archaeology of the Hebrew Bible. Scribal Culture and Yahwisms 111
Index des noms d'auteurs 113

Remerciements

En premier lieu, je voudrais évoquer mes maîtres dominicains de l'École biblique et archéologique de Jérusalem : les Pères Marie-Émile Boismard, François Langlamet, Jean-Baptiste Humbert, Étienne Nodet et, bien sûr, Francolino Gonçalves. En second lieu, remercier Claudine Dauphin, Hon. Prof. in Archaeology and Theology of the Universities of Wales, pour sa relecture attentive et rigoureuse d'une première version de ce texte.

Mes remerciements s'adressent aussi à David Davison, Directeur d'Archaeopress, pour avoir accueilli avec enthousiasme mon manuscrit pour son état d'esprit à *fouiller* dans les textes bibliques, et à son Équipe pour avoir mené à bien sa publication avec soin et célérité.

Enfin, je suis tributaire de celles et ceux qui m'ont aidé à penser dans le domaine de l'histoire des religions et de l'anthropologie, de la linguistique sémitique aussi, et à penser tout court : Georges Bohas, Philippe Borgeaud, André Caquot, Marcel Detienne, Mary Douglas, Georges Dumézil, François Flahault, Roberte Hamayon, Milan Kundera, Bernhard Lang, Claude Lévi-Strauss, Annick Martin, Margaret Mead, Maurice Olender, Francis Schmidt, Alain Testart, Emmanuel Todd, Tzvetan Todorov, Jean-Pierre Vernant, Pierre Vidal-Naquet. Sans oublier, naturellement, mes proches parents et amis, en particulier ma compagne et nos trois fils.

Introduction

Pour un spécialiste du Ier millénaire avant J.-C., qui doit comme tout historien se prémunir du « péché » d'anachronisme, la Bible hébraïque n'est pas sans poser de problèmes. Pour ne pas avoir à penser à son insu que ces textes avaient vocation à devenir sacrés ou canoniques, sans doute ce spécialiste devrait-il s'affranchir ou se dispenser de la notion même de Bible. Des textes multiples et multiformes, regroupés en corpus, ont été transmis, et l'historien de ces textes doit s'efforcer de les remettre dans leur contexte afin d'en dégager la portée et d'y puiser des informations. Si l'appréciation historique de ces textes s'est, depuis longtemps, substituée en grande partie à une approche uniquement théologique, ces textes sont loin encore d'avoir été analysés sous un angle véritablement anthropologique. Pourtant, ils sont issus de cultures et de milieux sociaux spécifiques qu'il importe de prendre pleinement en considération. Dans son livre *Les Grecs et nous*, l'helléniste Marcel Detienne (2005) rappelait la distance existant entre l'Antiquité et nos mondes contemporains. Afin de maintenir la bonne distance de l'ethnologue entre « eux » et « nous », ce qui paraît familier au bibliste devrait lui paraître étranger. Le monothéisme biblique, pas plus que la philosophie et la démocratie grecques, n'est un élément universel. Il en est de même pour la manière d'écrire des textes dans une culture de scribes telle qu'elle existait encore en Judée à l'époque romaine. Faire l'« archéologie » des textes et d'une représentation religieuse originale revient à mettre à distance des pratiques et des conceptions qui nous sont à jamais étrangères.

L'objectif de notre ouvrage est double. Il s'agit de déconstruire l'édifice biblique et les textes mêmes qui le constituent dans le but de parvenir à obtenir un sens historique et anthropologique. Il faut donc déconstruire, mais pour construire. Le travail à mener sur les textes n'est pas qu'une exégèse savante accumulant les références bibliographiques. Notre étude propose une manière originale d'exploiter les textes bibliques et, surtout, une hypothèse générale concernant l'origine et la nature du monothéisme exprimé dans ce corpus composite. Notre livre pourrait s'intituler

Bible et Monothéisme, mais le sous-titre en donne la clé : la Bible est le produit d'une culture de scribes et non d'auteurs, le monothéisme est en fait une croyance en un dieu spécifique que les spécialistes nomment désormais « yahwisme ». Identifier des strates rédactionnelles, des interpolations de copistes et des niveaux de lecture dans les textes, et tenter de dégager les fondements du yahwisme, ses diverses formes et son évolution, c'est, en quelque sorte, faire l'archéologie de la Bible hébraïque.

Pluralité de livres

Le corpus biblique a été et est toujours pluriel. Après que la Bible hébraïque fut devenue au tournant de notre ère un corpus de textes progressivement établi et délimité pour être le *Tanakh* de la tradition juive (*Torah*, Prophètes, Écrits), les autorités rabbiniques ont écarté au IIe siècle ap. J.-C. des écrits jugés non sacrés tels le livre de Tobit et les deux livres des Maccabées, et même des livres de sagesse. C'est pourquoi le canon juif est plus restrictif que le canon chrétien, qui englobe un grand nombre de ces textes juifs, mais dans leur version en grec (livre de Ben Sira devenu Ecclésiastique), et qui sont désormais dénommés livres deutérocanoniques. Ces livres sont d'ailleurs intégrés dans l'Ancien Testament, corpus dont l'ordre diverge par rapport à celui de la Bible hébraïque. Le canon samaritain est encore plus restrictif puisque les Samaritains ayant traversé des siècles d'histoire tout en se maintenant en Palestine, malgré leurs révoltes successives et la répression byzantine du VIe siècle ap. J.-C. (Dauphin 1998, I : 285-291), n'ont, pour textes sacrés, que la *Torah*, soit les cinq premiers livres, et une version courte de Josué. Le corpus biblique est pluriel aussi parce que les chrétiens orthodoxes ne possèdent pas un corpus aussi clairement délimité que les catholiques. Enfin, les protestants ont rejeté les livres deutérocanoniques, considérés comme des apocryphes, bien des siècles après la canonisation des textes chrétiens.

Bible hébraïque	Bible grecque
Torah (Genèse ; Exode ; Lévitique ; Nombres ; Deutéronome) **Prophètes** (Josué ; Juges ; 1-2 Samuel ; 1-2 Rois ; Isaïe ; Jérémie ; Ézéchiel ; livre des 12 prophètes) **Écrits** (Psaumes ; Job ; Proverbes ; Ruth ; Cantique ; Ecclésiaste ; Lamentations ; Esther ; Daniel ; Esdras ; Néhémie ; 1-2 Chroniques)	**Ancien Testament** - Pentateuque - Livres historiques (Josué ; Juges ; Ruth ; 1-2 Samuel ; 1-2 Rois ; 1-2 Chroniques ; Esdras ; Néhémie ; Esther ; Tobit ; Judith ; 1-2 Maccabées) - Livres de sagesse (Job ; Psaumes ; Proverbes ; Ecclésiaste ; Cantique ; Sagesse ; Ecclésiastique) - Livres prophétiques (Isaïe ; Jérémie ; Lamentations ; Baruch ; Ézéchiel ; Daniel ; les 12 petits prophètes) **Nouveau Testament**

« La » Bible est donc un produit complexe de l'histoire et se révèle être un corpus à géométrie variable selon que l'on soit samaritain, juif ou chrétien, orthodoxe, catholique ou protestant. Pour le lecteur ordinaire, se plonger dans la Bible en espérant la lire comme un livre d'auteur, avec un parcours linéaire du début à la fin, est sans doute ce qui compromet d'emblée l'entreprise : « Des histoires attrayantes débouchent brusquement sur des généalogies sans fin ou sur d'interminables descriptions de bâtiments. Des listes de lois particulières, assemblées sans cohérence, apparaissent soudain. Des histoires se répètent mais dans des versions qui se contredisent entre elles » (Satlow 2018 : 23). En fait, c'est livre par livre, et pas forcément dans l'ordre, qu'il importe d'abord cette littérature complexe : on ne lit pas la Bible, on prospecte à l'intérieur. Pour l'historien situant ses recherches en amont de la canonicité des livres, seule lui importe la nature historique d'écrits anciens dans leur contexte. Il faut toujours avoir à l'esprit qu'il s'agit d'un ensemble de livres qu'on désigne d'ailleurs à l'origine par un pluriel : *ta biblia*, « les livres ».

Vraisemblablement, la Bible est plus le résultat d'une accumulation de livres – un *work in progress* –, ultérieurement mis en forme et en ordre, qu'un projet pleinement cohérent à l'origine. La compilation de livres s'est visiblement accélérée à l'époque hellénistique et la division en trois parties du corpus est plus un aboutissement non recherché qu'un classement théorique élaboré en amont de la mise en forme des livres. Comme son nom grec l'indique, le Pentateuque n'existe qu'à partir du moment où les cinq premiers livres furent traduits en grec. Avant cette traduction, il n'y avait pas de réelle nécessité à regrouper les livres en sous-corpus. La difficulté pour l'historien serait moindre s'il ne s'agissait que d'une accumulation de livres avec un *terminus ad quem* relativement facile à établir pour les derniers d'entre eux. Ces livres sont en effet le fruit également d'une compilation de textes, se succédant mais parfois aussi entremêlés. La tâche de l'historien semble dès lors presque impossible. Spinoza lui-même, au sujet des guerres avec les Philistins, renonça à comprendre :

> « La sueur me ruissellerait du front si je tentais de concilier toutes les histoires qui se trouvent dans ce premier Livre de Samuel afin qu'elles semblent toutes écrites et mises en ordre par un seul historien » (Spinoza 2015 : 203).

En tant que corpus de textes anciens, d'époques variées, à remettre dans leur contexte historique, les textes bibliques sont des documents de première importance qu'il s'agit d'analyser au plus près, de la manière la plus rigoureuse possible. Pour un historien, les sources sont d'égale importance, mais avec une difficulté majeure concernant des textes littéraires élaborés de manière complexe et transmis au fil des siècles et des altérations par des copistes. Les stèles monumentales livrant leurs inscriptions de promotion royale ou les milliers de tablettes cunéiformes au contenu trivial sont en effet des sources plus fiables. Cependant, d'une part, elles doivent être passées tout autant au crible de la critique car elles présentent parfois un point de vue très éloigné de la neutralité souhaitée par l'historien. D'autre part, se détourner des sources littéraires n'est guère possible puisqu'elles sont seules parfois à présenter un récit d'ordre historique pour une période et un lieu donnés. En ce qui concerne les sources littéraires issues de la Bible, le danger réside dans le fait de paraphraser ces récits de guerre contre des Philistins (Huot 2004 : 103-105), alors que l'archéologie n'en a rien attesté. Toutefois, la complexité, voire l'« impénétrabilité », des textes bibliques ne doit pas empêcher l'historien de s'y risquer. Car ce serait négliger ou rester à la surface d'enjeux historiques et anthropologiques présents dans ces textes. « La » Bible ne peut être laissée aux seuls croyants tant elle est riche d'histoire, mais l'historien, pour l'exploiter au mieux comme source, est contraint de mettre les textes à plat, puis de travailler la matière textuelle et littéraire de ces textes en creusant comme le font les archéologues sur un *tell*, afin d'aller au-delà du commentaire paraphrastique. La particularité des textes bibliques, à la différence de textes d'auteurs, devra donc le conduire à tenter de discerner l'histoire rédactionnelle de certains d'entre eux, donc à établir une « stratigraphie ».

Une culture scribale

En ce qui concerne la production de textes antiques, rien n'est vraiment simple, même lorsqu'il s'agit d'auteurs attestés historiquement et de livres complets transmis par les lettrés. L'un des meilleurs exemples est l'historiographe juif Flavius Josèphe dont la notice consacrée à Jésus est suspectée d'être de la main d'un copiste chrétien (Bardet 2002). Le problème devient très complexe dès lors que le texte n'est qu'une citation d'un auteur par un autre auteur. C'est le cas avec Aristobule, juif d'Alexandrie cité par Eusèbe de Césarée (Holladay 1995), plus encore avec Hécatée d'Abdère, historien cité par Diodore de Sicile lui-même cité par Photius (Zamagni 2009). Mais lorsque le texte est anonyme ou que son auteur provient d'une tradition sans contexte historique très précis, seule la critique interne permet d'avancer des hypothèses novatrices concernant ses conditions d'élaboration. Les spécialistes d'Homère en France ont depuis longtemps délaissé ces questions, élaborant des analyses d'ordre anthropologique à la suite de Jean-Pierre Vernant sans auparavant s'aventurer dans la critique textuelle et littéraire de *L'Iliade* et de *L'Odyssée*. Or, Homère n'existe pas plus que la Bible. Sans être aussi composite et complexe, les deux œuvres de l'aède aveugle surgissent à l'époque de leur finalisation écrite dans les débuts de la Grèce classique. Nulles traces auparavant de fragments de textes pouvant attester une forme plus archaïque du récit héroïque et du récit initiatique. Soit ces récits furent élaborés dans la tradition orale, telle que la légende d'Homère l'affirme, soit les supports d'écriture n'ont tout simplement pas résisté au temps. La Bible surgit un peu de la même manière – elle a même « surgi des sables » quand on découvre les manuscrits de la mer Morte – étant donné que les parchemins et les *papyri* n'ont pas résisté dans le temps.

Il n'en est pas de même dans le monde syro-mésopotamien où l'écriture sur tablettes d'argiles a rendu pérennes des textes – le feu des incendies détruisant parchemins et *papyri* mais durcissant les tablettes d'argile – qui n'étaient aucunement figés dans une forme littéraire close. L'histoire rédactionnelle d'une épopée comme celle de Gilgamesh est rendue possible par les tablettes d'argile retrouvées sur des sites archéologiques, tablettes datant d'époques diverses, du IIe au Ier millénaire av. J.-C. C'est ainsi que l'on sait qu'une épopée pouvait être indéfiniment prolongée. Soucieux de diachronie, en partie déterminée par la nature du support de leurs sources, les historiens de la Mésopotamie ancienne, des mondes hittite et hourrite, d'Ébla et d'Ougarit ont jusqu'alors prêté peu d'attention aux approches anthropologiques à la différence de leurs collègues hellénistes. Il est évident que cette approche historique, quelque peu marquée par un certain positivisme, explique en partie pourquoi les spécialistes des textes bibliques furent à ce point concentrés sur la critique interne de ces textes, critique textuelle et littéraire, dite méthode historico-critique. La Bible et son contexte sémitique mésopotamien, puis ougaritique, se prêtaient naturellement à des approches uniquement préoccupées d'établir des faits historiques.

Cependant, malgré ce contexte et les milliers de tablettes retrouvées sur les grands sites historiques d'Irak et de Syrie, les exégètes préférèrent envisager de manière théorique la figure du rédacteur biblique, voire de l'auteur anonyme (J et E, le yahviste et l'élohiste), et établir comme vérité potentielle l'existence d'écoles de rédaction à l'œuvre dans les textes plutôt que d'accepter plus simplement le rôle et le statut du scribe. Le travail effectué depuis le XIXe siècle par les biblistes de langue allemande, posant une théorie des sources pour expliquer les changements de style dans le Pentateuque – la théorie documentaire aboutie de Julius Wellhausen (*Prolegomena zur Geschichte Israels*, 1883) – ou la récurrence d'une idéologie dans les livres suivants pour déterminer l'élaboration d'une historiographie – l'Histoire deutéronomiste exposée par Martin Noth (*Überlieferungsgeschichtliche Studien*, 1943) –, permit des avancées prodigieuses dans la compréhension des textes bibliques, mais ces théories ne furent qu'une étape dans la compréhension de la production de ces textes. L'hétérogénéité de ces textes est telle qu'elle met au défi la notion de rédacteur et même d'école de rédaction. Quant à la notion d'auteur, elle provient bien plus du monde grec que du monde oriental. Homère est un auteur fictif mais un auteur vraisemblable affirmé par une tradition scripturaire. Moïse n'est un auteur du Pentateuque que par défaut et Spinoza ne craignit pas d'écrire que c'était invraisemblable puisqu'un auteur ne peut raconter sa propre fin (Spinoza : 183-188). La qualité d'auteur de Moïse ne tint d'ailleurs pas par son autorité scripturaire – il n'aurait après tout que recopié les lois de Dieu, comme un scribe – mais par des autorités religieuses imposant d'y croire. Les prophètes bibliques ne sont pas plus des auteurs car leurs textes sont des recueils d'oracles à l'origine, donc des paroles divines ayant d'abord eu pour « support » leur bouche avant d'avoir pour support un parchemin.

Quand ils sont devenus bien plus que des recueils d'oracles, notamment pour les livres prophétiques les plus longs (Isaïe, Jérémie, Ézéchiel), leur nom servait surtout à donner de l'autorité à des textes prolongés par des *scribes*. Le chapitre 36 du livre de Jérémie met d'ailleurs en scène le prophète et son scribe, l'un dictant, l'autre écrivant. Il évoque aussi les scribes officiels du temple et ceux du palais royal.

L'Orient ancien fut terre de scribes anonymes même si nombre d'entre eux laissèrent leur nom dans un colophon, tels de nombreux scribes mésopotamiens (Glassner 2014) et tel le fameux Ilimilku dans la cité syrienne d'Ougarit au XIIIe siècle narrant les hauts faits du dieu Baal (Pardee 2014). La transmission l'emportait sur la création à part entière, qui pouvait toutefois se déployer à l'intérieur du texte copié. Le cycle de Baal n'est pas qu'un mythe recopié fidèlement en dehors d'un contexte politique spécifique propre à une cité de second rang au Levant, il en est au contraire une version s'intégrant dans ce contexte et offre ainsi à l'historien une possibilité de l'interpréter en dehors des poncifs de la mythologie comparée (Tugendhaft 2017). Longtemps les découvertes archéologiques en Orient, qu'il s'agisse d'Ougarit ou de Mari plus à l'est et quelques cinq siècles plus tôt, ont laissé à penser que la production écrite avait pu être bien plus rare en Palestine ancienne. C'était oublier que la nature du support est déterminante et que les inscriptions sur pierre ne sont jamais pléthore, tout en étant souvent vouées à être réutilisées, voire à la destruction. La découverte des manuscrits de la mer Morte à partir de 1947 a révélé une profusion d'écrits inimaginable auparavant et s'inscrivant encore dans une même « culture scribale » (Van der Toorn 2007 ; Milstein 2016). La notion d'auteur n'avait ainsi toujours pas véritablement émergé à l'époque romaine en Judée, les textes retrouvés, bibliques ou non, n'étant que des versions parmi d'autres.

Le scribe n'avait pas l'autorité d'un auteur mais, visiblement, il ne s'interdisait pas d'améliorer les textes qu'il recopiait et d'en inventer d'autres : « Les scribes se formaient en copiant et en révisant des textes antérieurs, et il n'est donc pas surprenant qu'ils se servissent de ces textes comme modèles pour leurs propres compositions » (Satlow 2018 : 27). Les écrits esséniens, retrouvés à Qumran près de la mer Morte, développent en effet des conceptions religieuses à partir des textes bibliques mêmes. Ces scribes conservent et transmettent ces textes de manière rigoureuse, car ceux-ci font autorité à l'époque romaine, mais ils en écrivent d'autres à partir de ces mêmes textes, réélaborant et développant les motifs bibliques. Sans auteur, la culture de l'écrit en était peut-être encore plus libre et vivante, d'autant plus vivante quand l'écriture se rendit plus accessible par l'invention de l'alphabet, à Ougarit déjà, et à mesure que les scribes ne furent plus seulement des professionnels de cour ou de temple. Les textes bibliques sont le produit d'une telle culture et il est vain de chercher à en établir une origine et des auteurs précis. Il importe surtout de déceler par la critique interne leur évolution rédactionnelle et de les situer chronologiquement les uns par rapport aux autres en les comparant historiquement. Ces textes ne viennent pas de nulle part et même s'ils n'ont pas été élaborés en une fois à un moment précis, il est nécessaire de les exploiter notamment du point de vue de l'histoire des religions dans le but de mieux comprendre la nature et l'émergence du monothéisme biblique.

Un monothéisme bien particulier

Il ne s'agit pas en effet de ne s'intéresser uniquement qu'au contenant et à la manière dont il fut constitué. Sans le contenu idéologique et religieux qui émane des textes bibliques, il n'y aurait pas de Bible du tout car c'est une représentation religieuse, politique et historique spécifique qui fut à l'origine d'un tel corpus exhaustif. Deux aspects principaux y sont condensés et entremêlés : l'histoire d'un peuple et l'histoire d'un dieu. L'archéologue Israël Finkelstein par ses nombreux travaux a permis de distinguer entre l'Israël idéologique et mythique des textes bibliques et l'Israël historique, royaume du Nord centré sur Samarie et non sur Jérusalem. Le royaume historique d'Israël, plus important que ne le fut Juda, connut son essor à partir du roi Omri (Finkelstein 2013). Démêlant les fils d'une histoire rendue complexe par les textes eux-mêmes, il a démontré que l'Israël de la Bible est surtout issu d'une conception judahite/judéenne. Le royaume unifié de David et Salomon, plus imaginaire qu'attesté par les traces matérielles, se trouve d'ailleurs décentré en ayant sa capitale à Jérusalem. Pour rappeler et modifier quelque peu le titre d'un ouvrage collectif qui a fait date – *Israël construit son histoire* –, ce n'est pas Israël qui a construit son histoire mais Juda et la Judée qui ont réélaboré et construit l'histoire d'Israël.

En ce qui concerne les aspects proprement religieux, la question du monothéisme tourmente depuis longtemps les spécialistes sans qu'ils réussissent complètement, malgré les avancées, à la détacher de l'idéologie des textes, notamment celle brossant le portrait d'un *ethnos* du peuple de Dieu. En adoptant une approche résolument historique mais en focalisant l'attention sur l'Exode et les livres des Rois, l'exégèse biblique la plus classique ne permet au mieux que d'aboutir à une hypothèse évolutionniste par la mise en adéquation de ce qui reste de la théorie documentaire (récit sacerdotal) avec l'Histoire deutéronomiste. Ainsi, à partir d'un substrat sociétal polythéiste, le monothéisme serait apparu lors de l'exil de l'élite de Juda en Babylonie, après le stade intermédiaire mais décisif de la monolâtrie sous le roi Josias (Römer 2017a). À l'inverse, l'égyptologue Jan Assmann (2001 ; 2007 ; 2018) a beaucoup travaillé la notion de monothéisme sans pour autant s'encombrer des publications et des débats exégétiques concernant les textes bibliques. Cherchant à en expliquer l'intolérance et la violence, il en reste au niveau du concept, le déclinant en monothéisme de vérité et en monothéisme de fidélité.

La nature proprement exclusiviste du monothéisme biblique pose en effet un problème majeur. Il ne faut donc pas expliquer le monothéisme, mais la monolâtrie. Or, il n'est pas certain que cette monolâtrie soit apparue dans le seul royaume de Juda et assez tardivement. D'ailleurs, aucun contexte historique ne se trouve suffisamment convaincant pour rendre compte de son apparition. Cet exclusivisme peut se traduire en termes simples bien connus de ceux qui sont familiers des textes bibliques principaux : pourquoi Dieu se montre-t-il jaloux envers son peuple ? Cet aspect est central dans l'idéologie religieuse biblique et en même temps énigmatique pour l'historien des religions. Cette discipline n'est sans doute pas en mesure de répondre seule à ce défi car la méthode comparative n'aide en rien à comprendre un monothéisme sans équivalent ailleurs, à moins d'interroger la culture religieuse, et même la culture en général – notamment la parenté et les structures familiales (Lemardelé 2016a ; 2018) –, de certaines populations du Levant qui ont pu porter et dessiner le caractère de cette divinité.

S'il importe de déconstruire l'édifice biblique pour mieux le comprendre, la théorie des deux yahwismes, émise par l'historien des textes bibliques Francolino Gonçalves, permet quant à elle de déconstruire le monothéisme ou d'en faire la généalogie pour mieux en saisir les composantes (Gonçalves 2008). Or l'une de ces deux formes était seule porteuse d'une idéologie exclusive. C'est cette composante du monothéisme biblique qui invite au regard et à l'interrogation d'ordre anthropologique. Par ailleurs, le récit biblique général contient en fait une autre histoire que celle qui nous est racontée avec force détails. Non seulement il s'agit peu de l'histoire du royaume d'Israël, mais plutôt de Juda et de la Judée, et aussi bien plus de l'introduction d'une divinité étrangère en terre d'Israël que de la migration d'un peuple en son entier et de son installation sur une terre promise peuplée d'étrangers avec leurs dieux. L'étranger, c'est le dieu biblique. Il est le migrant et non son peuple. C'est pourquoi il importe de s'interroger sur sa culture d'origine. Cette approche historique et anthropologique du yahwisme est, nous semble-t-il, seule à même de rendre compte de la spécificité du monothéisme biblique. Elle peut aider à saisir comment un dieu assez marginal est devenu Dieu.

Partie I
« La » Bible, produit d'une culture scribale

Chapitre I : La Genèse comme point de départ... et d'arrivée

Deux mythes de création coexistent dans la Genèse.[1] Dans le premier chapitre, Dieu façonne le ciel et la terre, sépare la lumière des ténèbres, met en ordre le monde par la parole, le peuple d'espèces animales et, enfin, façonne l'homme et la femme, créés donc ensemble. Le récit déborde quelque peu sur le chapitre suivant, se terminant ainsi : « Telle fut l'histoire du ciel et de la terre quand ils furent créés » (Genèse 2,4a).[2] Un second récit commence dès lors : « Au temps où le Seigneur Dieu (Yhwh-Élohim) fit la terre et le ciel, il n'y avait encore aucun arbuste des champs sur la terre et il n'y avait pas d'homme pour cultiver le sol » (Genèse 2,4b-5). Or, il n'était pas question d'Adam et Ève dans le fameux récit de la création en sept jours. La contradiction est patente puisque l'espèce humaine qui venait d'être créée ne semble pas encore présente. Auparavant il n'était pas question d'un homme cultivateur, mais la cohérence d'ensemble ne peut être sauvée puisque Dieu s'empresse de créer à nouveau l'homme en le modelant avec la glaise du sol et en insufflant la vie dans ses narines par son souffle divin. L'histoire est bien connue, pour que l'homme ne soit pas seul dans son jardin d'Éden – élément absent du premier récit –, il crée d'abord toutes les espèces animales, et comme cela ne suffisait pas pour lui apporter une aide, il le fait tomber dans le sommeil et crée la femme à partir d'une de ses côtes : l'homme est ainsi fait de la terre et la femme d'un os de l'homme. Ce n'est que dans la suite du récit que les deux seront personnifiés, d'abord la femme (*'iššāh*, féminin de *'iš*) reçoit un nom propre, « Ève » (*Ḥawwāh*), nommée par l'homme comme Dieu crée en nommant. Ève est nommée ainsi car elle deviendra la mère de toute vie (*ḥay*). Quant à l'homme,

---
[1] Pour tous les aspects rédactionnels des livres bibliques, voir Römer *et al.* 2004.
[2] Les citations bibliques sont en général reprises de la Bible de Jérusalem (BJ), parfois de la Traduction Œcuménique de la Bible (TOB), parfois encore traduites par nos soins.

qui n'a dès le départ qu'un nom commun – hā'ādām, l'« humain » ou le « roux » en référence à la couleur de la glaise[3] –, il devient Adam lors de l'établissement de sa descendance par le simple abandon de l'article défini.

Ainsi, dès le premier récit biblique, l'aspect composite de ces textes apparaît et la composition la plus récente précède la plus ancienne comme tous les spécialistes s'accordent à en convenir.[4] Il en est souvent ainsi dans l'ensemble des livres bibliques : aucun n'est le fruit d'un seul auteur et, bien souvent, les ajouts « éditoriaux » se situent en début de livre ou de section. Autre exemple : le livre des Juges, qui fait suite à la conquête (Josué) et qui précède les récits royaux (livres de Samuel), comporte deux introductions de ce type avant que ne commencent les récits des juges proprement dits, et la première introduction marque la finalisation du livre. Cette introduction sert en fait de transition avec le livre précédent en confirmant la mort de Josué et en promouvant la tribu de Juda. Or, il est amusant que Josué soit encore en action un peu plus loin et qu'il meure une « seconde » fois (Juges 2,6-8). Dans ce même livre, le récit épique d'une grande victoire des Israélites contre des Cananéens est narré à deux reprises, d'abord en prose dans un hébreu ne posant guère de problèmes de traduction (Jg 4), ensuite sous la forme d'un psaume rendant le récit plus allusif que linéaire et dans une langue rendue difficile par des accidents de transmission du texte (Jg 5). Là également, le récit le plus ancien se trouve être le second tant il apparaît que le premier en est la « traduction » en prose. Récit biblique archaïque prétendant à la plus haute historicité,[5] le « chant de Déborah » atteste de deux faits importants : les récits bibliques pouvaient se fonder sur des textes-sources et les scribes étaient plutôt enclins à conserver les traditions textuelles, tout en les actualisant, plutôt que de les éliminer purement et simplement. Le support d'écriture a sans doute sa part de causalité : sur rouleau, on pouvait presque indéfiniment prolonger, alors que sur tablettes, les scribes devaient être plus enclins à améliorer un texte en l'émondant, plutôt que d'ajouter des tablettes. C'est sans doute la limite des comparaisons entre culture scribale syro-mésopotamienne et culture scribale « biblique ».

Théorie documentaire et « post-documentaire »

Les récits de la Genèse ont eu une importance particulière pour les exégètes qui élaborèrent la théorie documentaire. En effet, la désignation de Dieu par le terme générique Élohim dans le chapitre 1, puis celle de Dieu par son nom propre non vocalisé – Yhwh – dans le chapitre suivant marquent une différence de style nette.

---

[3] Ésaü, fils d'Isaac, est dit « roux », 'ādmô, et poilu. À la fin de Genèse 25, il y a un jeu de mot sur le morphème 'dm pour signifier que ce personnage fut l'ancêtre des Édomites : « c'est pourquoi on l'appela 'èdôm ».
[4] Bien entendu, dans une optique théologique, il sera toujours possible de discuter cette césure (Luciani 2007).
[5] Un lecteur assidu et critique de la Bible ne s'y trompe pas, une histoire d'Israël à partir des textes bibliques doit commencer par l'étude de ce texte (Jean-Baptiste 2015).

Chapitre I : La Genèse comme point de départ... et d'arrivée

Les deux récits du déluge incroyablement entremêlés (Genèse 6-9) étaient encore plus parlants, d'autant plus qu'ils se répétaient presque exactement. Pour autant, était-il nécessaire de théoriser des ensembles textuels distincts et bien plus amples que des rédacteurs auraient assemblés après coup ?[6] Il est évident que le lexique est un marqueur non négligeable quand on tente de comprendre l'histoire rédactionnelle d'un texte mais les scribes recopiant ces textes n'avaient pas les soucis de cohérence des écrivains actuels. Dans les premiers chapitres de l'Exode, le peuple est désigné par le terme « Hébreux » alors qu'il disparaît par la suite pour ne réapparaître de manière presque continue que dans trois chapitres du premier livre de Samuel. D'une part, ces mentions sont insuffisantes pour penser que les Israélites étaient le « peuple des Hébreux », d'autre part, cela ne suffit pas à isoler ces passages comme étant la marque de tel ou tel rédacteur. La présence assez incongrue de ce terme montre que les récits concernés ont été relus et corrigés par un scribe qui a cru bon d'ajouter ce terme, bien souvent dans la bouche des étrangers, Égyptiens ou Philistins, les scribes suivants n'ont pas modifié le texte, ne pensant pas spécialement à l'harmoniser. L'emploi d'un lexique spécifique signale une intervention scribale mais sans penser automatiquement à un rédacteur particulier, intervenant pour imposer au récit d'ensemble un aspect théologique qui lui serait propre. Pour Genèse 6-9, la réécriture du texte ne modifie pas l'idéologie du récit. Invoquer telle ou telle école de rédaction pour rendre compte d'un passage répétitif et/ou confus est périlleux.[7]

Au Chapitre 1 de la Genèse, il est évident qu'utiliser le terme au pluriel « Élohim » permettait de souligner l'omnipotence de la divinité : un « dieu » (Él), voire un « grand dieu » (Éloah), devenait « tous les dieux », c'est-à-dire Dieu. Ce pluriel reste énigmatique mais on ne peut l'interpréter autrement : en se substituant à tous les dieux du ciel, Yhwh devenait impersonnel. Comme les majuscules n'existaient pas dans les langues sémitiques, l'emploi du pluriel permettait d'affirmer que Yhwh était Dieu. Dans la Septante, traduction en grec de la Bible hébraïque, Élohim était traduit par *Théos*, « Dieu », et Yhwh par *Kurios*, « Seigneur ». Au Chapitre 2 de la Genèse, Yhwh reste un dieu personnalisé, bien que son nom ne soit pas vocalisé, ce qui est une manière de le sacraliser en ne pouvant plus le prononcer, et bien qu'il soit souvent associé à Élohim – Yhwh-Élohim/Seigneur Dieu. Cependant, la théorie documentaire

---
[6] Alors que Spinoza avait supposé qu'Esdras devait être l'auteur du Pentateuque, un siècle plus tard Jean Astruc posait la première pierre de la théorie documentaire en imaginant que le législateur biblique se serait appuyé sur deux *documents* principaux. Au siècle suivant, l'hypothèse devenait théorie avec Karl Heinrich Graf et, surtout, Julius Wellhausen. Voir Römer *et al.* 2004 : 68-71.
[7] Parmi de nombreux exemples, les malheurs causés par le dieu biblique en terre philistine amènent les protagonistes à demander conseil à leurs princes (1 Samuel 5,8-11). Le récit fut visiblement amendé, puisque conseil est encore demandé aux prêtres et aux devins (1 Samuel 6,1-3). Or le conseil n'est guère différent, il est seulement agrémenté d'offrandes de réparation en or en fonction du nombre des princes. De même, en 1 Rois 19, un même passage est réécrit : « Que fais-tu ici Élie ? Il répondit : Je suis rempli d'un zèle jaloux pour Yahvé Sabaot parce que les Israélites ont abandonné ton alliance » (versets 9-10 *et* 13-14).

allait plus loin en interprétant d'autres passages de la Genèse dans lesquels Dieu était nommé Élohim et qui furent considérés comme plus anciens et d'une autre main que Genèse 1. On en déduisit alors que deux strates narratives furent assemblées dans la Genèse par un rédacteur ultérieur aux auteurs aux auteurs de récits anciens : 1) J, le récit yahwiste ; 2) E, le récit élohiste ; 3) P, le document sacerdotal assemblant et harmonisant le tout, alternant entre la dénomination Élohim et Yhwh-Élohim. Le quatrième document était D, le document deutéronomique, mais absent de la Genèse bien qu'on l'eût cherché. Pendant longtemps, ces documents ont été datés d'époques très anciennes, du Xe siècle au $VI^{e"}$, selon la finalisation de la théorie par Gerhard von Rad, les auteurs et écoles rédactionnelles s'étalant dans le temps dans cet ordre : J, E, D et P. Le document sacerdotal a été scindé en deux types de textes : P^g et P^s, le document sacerdotal original et des suppléments. On a cherché aussi à étendre cette théorie en dehors du Pentateuque mais sans grand succès. Aujourd'hui, l'auteur élohiste a disparu et l'auteur yahviste n'est encore défendu que par quelques biblistes sans plus être considéré comme vivant à la cour de Salomon. Restent D et P mais avec bien des aménagements. Ce qui a surtout changé est la datation des textes du Pentateuque : du VIIe au IVe siècle. Certains spécialistes, cependant, conservent des datations hautes quand d'autres proposent des datations plus basses encore. Il ne s'agit pas d'ailleurs de dater ces textes – entreprise impossible en l'absence d'indices et de critères suffisants – mais de pouvoir les situer chronologiquement de manière approximative et, surtout, *les uns par rapport aux autres*. Car, malgré une critique fondée (Sommer 2011 : 106), on ne peut toutefois pas en rester à des approximations telles que « textes préexiliques » et « textes postexiliques ». De ce point de vue, le Deutéronome semble être plus ancien que les textes sacerdotaux qui le précèdent.

La théorie documentaire a été le fruit d'un grand effort intellectuel qui ne fut pas inutile. En effet, il devenait possible de déconstruire le Pentateuque pour tenter de voir comment il avait été constitué. Toutefois cette théorie n'a été qu'une étape, elle devrait maintenant laisser place à une manière d'aborder les textes la prolongeant, tout en sauvegardant la critique historique et interne des textes, la justifiant d'autant plus étant donné leur aspect extrêmement composite. Si certains exégètes veulent en rester à cette théorie, tout en la renouvelant et en l'affinant (Joel Baden, Jeffrey Stackert), d'autres, plus majoritaires, évoquent plutôt un retour à l'hypothèse de fragments et de compléments (Thomas Römer). Celle-ci peut notamment reposer sur une combinaison de deux ensembles distincts : 1) la rédaction deutéronomique ; 2) la rédaction sacerdotale, s'étendant de la Genèse à la première partie du Lévitique (Erhard Blum). À cela, il faudrait ajouter une ultime école de rédaction, plus théocratique encore, qui aurait écrit et organisé le livre des Nombres (Reinhard Achenbach). Or, si les compléments sont appréhendés comme étant le fait de rédacteurs, le risque est de ne pas parvenir à rendre compte des redites et des contradictions dans les textes. Cela d'autant moins que « de nombreux chercheurs restent

attachés à la possibilité de pouvoir discerner un premier écrit sacerdotal indépendant »
(Römer 2008 : 7), prenant la forme d'un récit dont la fin change au gré des hypothèses –
Exode 40 ou Lévitique 16, pour les thèses les plus simples.

De cette reconstruction très schématique, peuvent être sauvegardés quelques
éléments : l'ancienneté du cœur du Deutéronome par rapport aux livres précédents,
mais dans une version moins finalisée par d'ultimes scribes, et l'aspect récent du
livre des Nombres. Entre ces deux bornes – grossièrement donc du VIIe au IVe siècle
–, bien des discussions sont possibles. Il importe peu d'étudier ces livres dans une
optique qui se voudrait uniquement chronologique car, étant séparés, ils ont évolué
parallèlement. Par exemple, pour jeter un pont entre la Genèse et l'Exode, il fallait
bien insérer à la fin du premier livre l'histoire très romancée de Joseph vendu par ses
frères à des marchands d'esclaves et se retrouvant en Égypte. Ainsi, la Genèse a été
prolongée en fonction du récit exodique débutant en terre étrangère. Mais le livre de
l'Exode a lui-même été prolongé pour décrire le temple au désert, au point que le récit
finisse par disparaître au profit de règles cultuelles. Du point de vue de la narration,
les scribes perdent de vue la notion de récit pour y développer des textes de droit
religieux qui font tout le contenu du Lévitique d'où l'aspect souvent fastidieux de ces
livres. Il faut en effet attendre le livre des Nombres pour, enfin, voir le récit redémarrer
de manière assez laborieuse et confuse. Le Deutéronome, quant à lui, n'était pas
narratif à l'origine. Le code de loi qui constitue son noyau fut encadré ultérieurement
par d'autres lois et des éléments de récit permettant de raconter la mort de Moïse.

Les spécialistes ont depuis longtemps identifié trois ensembles normatifs appelés « codes
de loi » : le code d'alliance dans l'Exode, le code deutéronomique, donc, et le code ou Loi
de sainteté. Il y aurait ainsi un code législatif à l'origine d'un livre (le Deutéronome) et
deux codes insérés dans des livres préexistants, l'un plus ancien que le livre réceptacle
(l'Exode), l'autre plus récent (le Lévitique) (Römer *et al.* 2004 : 85-113):

VIIe- VIe siècle	Code d'alliance (Exode 20,22-23,33)
VIIe- VIe siècle	Code deutéronomique (Deutéronome 12-26)
VIe-Ve siècle	Genèse-Exode-Lévitique 1-16 (Document sacerdotal)
Ve siècle	Loi de sainteté (Lévitique 17-26)
IVe siècle	Nombres et finalisation du Pentateuque

La dernière hypothèse est de notre point de vue contestable car on a longtemps
considéré le code de sainteté comme étant un code ancien ajouté au Lévitique. Des

éléments d'ordre rituel nous amèneront à conserver l'ancienne hypothèse. D'une part, l'hypothèse nouvelle qui fait des auteurs de ce code une véritable école de rédaction intervenant ailleurs dans le Lévitique n'est pas sans présupposés idéologiques,[8] d'autre part, elle s'appuie sur des critères stylistiques ne prenant pas en compte la culture scribale. Même si les spécialistes actuels considèrent que le Code de sainteté est un prolongement sacerdotal, ils ont tendance à penser que les textes du Pentateuque recèleraient des polémiques théologiques assez imaginaires issues des différentes écoles rédactionnelles se succédant. Ainsi, H (Loi de sainteté) contredirait P tout en l'améliorant, et l'école de rédaction œuvrant dans les Nombres ferait la synthèse des deux tout en étant plus proche de P dans sa phraséologie.[9] Nombre d'exégètes également parlent d'une école deutéronomique laïque, au sens premier du terme, par opposition à l'école sacerdotale. Or il n'y a pas lieu de penser que les textes bibliques seraient le fruit de telles oppositions. Non seulement la séparation entre religieux et laïcs est peu pertinente pour le Proche-Orient ancien mais aussi, les générations de scribes qui se sont succédés pour rédiger et constituer ces livres devaient être rattachées à un temple, donc travailler sous les ordres de prêtres. Du Deutéronome au livre des Nombres en passant par l'Exode et le Lévitique, se développe une pensée sacerdotale de plus en plus raffinée, créant des lois et des rituels à mesure qu'elle s'impose.

Cette vision des choses de la théorie « post-documentaire » – des codes vers l'unification des documents – serait globalement satisfaisante, permettant d'avoir une vue synthétique qui donne une idée de la manière dont le corpus a pu prendre de l'ampleur, si elle ne reposait sur deux présupposés discutables : les écoles de rédaction elles-mêmes, qui ne rendent pas compte de la grande activité scribale seule à même d'expliquer l'hétérogénéité des textes, leurs répétitions et leurs contradictions ; la notion même de Pentateuque qui conduit l'exégète à l'anachronisme et à rendre exactement équivalentes cette notion et celle de *Torah*. En effet, cette première notion ne vient que de la traduction en grec des cinq premiers livres, laissant de côté la suite : la conquête de la terre promise (Josué), la période d'anarchie (Juges), la recherche de rois d'Israël (1-2 Samuel) et les deux royaumes (1-2 Rois). Cette traduction est intervenue dans la première moitié du IIIe siècle, peut-être à l'initiative de Ptolémée II Philadelphe (Dogniez

---

[8] Cette hypothèse a été formulée avec force à la fin du siècle dernier par des spécialistes (Israel Knohl et Jacob Milgrom) situant leurs travaux dans la lignée de ceux de Yehezkel Kaufmann (1889-1963), qui n'avait pas accepté les acquis de l'exégèse historico-critique germanophone, notamment ceux remettant totalement en cause la chronologie biblique et situant la rédaction de l'ensemble des textes autour de la période de l'Exil à Babylone. L'exégèse germanophone contemporaine ayant trouvé l'un d'entre eux, commentateur du Lévitique (Karl Elliger), pour remettre en cause l'antériorité de la Loi de sainteté sur P, s'est convertie aux arguments de la nouvelle hypothèse sans adopter les datations hautes proposées et sans presque plus mentionner les initiateurs de cette hypothèse.

[9] « Tout se passe comme si le débat entre Dtr et P "rebondissait" à la fin de l'époque perse : le livre des *Nombres* pourrait alors être appréhendé comme une *alternative sacerdotale* à la théologie "populaire" ou "démocratique" de la loi de Sainteté, qui, comme la tradition deutéronomiste (Dt 7, 6 ; 14, 2), lie la sanctification d'Israël à la pratique communautaire des commandements énoncés dans le cadre de l'alliance » (Artus 2011 : 122-123).

et Harl 2003 : 565-581), souverain grec d'Alexandrie de 283 à 246, et a de fait coupé les premiers livres traduits de leur suite. Or, la traduction des autres livres a eu lieu dans les deux siècles suivants, montrant ainsi que la césure a pu être plus conjoncturelle que structurelle. Les Samaritains ont une « Bible » plus cohérente avec le récit de la conquête, car le récit exodique dans son ensemble suppose bien cette finalité.

Ainsi, rien ne permet de penser que l'intention avait été de finaliser le Pentateuque en tant que Loi de Dieu, ou alors seulement dans le milieu judéo-alexandrin. Il est toutefois possible d'envisager une finalisation littéraire des cinq livres peu de temps avant leur traduction, la traduction ayant pu précipiter cette finalisation. Après cette traduction, les livres traduits ont peu évolué à la différence notamment de Josué, retravaillé par les scribes. Peut-être ce livre était-il jugé comme inachevé au moment de la traduction, peut-être l'entreprise de traduction fut-elle jugée suffisamment ample et complexe pour ne pas y ajouter un sixième livre. Cependant, l'activité scribale, certes moindre, a été un peu prolongée dans les cinq premiers livres, car des différences entre le texte en hébreu et la traduction grecque sont décelables. Elles sont le plus souvent mineures mais parfois importantes comme en Exode 36-40 où l'ordonnancement du texte diffère totalement dans les deux versions. Apparemment, après la traduction du livre en grec, celui-ci a encore été remanié.

Bref, la réalité textuelle est relativement simple à exposer – même si les problèmes textuels sont considérables, surtout depuis la découverte des versions en hébreu parmi les manuscrits de la mer Morte – si toute idée de canon est écartée :[10] 1) les livres bibliques ont progressivement été insérés dans le cadre d'une grande histoire ; il fallait donc les relier alors que certains d'entre eux étaient autonomes (« Deutéronome ») ; 2) pour ce faire, bien des livres ont été élaborés à partir de traditions anciennes, revues, corrigées et augmentées (Nombres, Juges) ; 3) jusqu'à un état d'achèvement jugé satisfaisant, chaque livre était susceptible de subir des modifications importantes (Exode, Josué). À partir de la traduction dite de la Septante, l'activité scribale apparaît encore à l'œuvre, même si elle est moindre dans les premiers livres traduits (Pentateuque). Il est donc possible d'en déduire que c'est par cette activité que les livres ont été produits, par à-coups, reprenant des traditions, des textes mêmes, élaborant des récits supposés être traditionnels, réinventant des rituels.

Hétérogénéité des textes

Le livre de la Genèse commence avec deux anthropogonies – 1) Dieu fait l'homme à son image et le crée mâle et femelle ; 2) Yhwh modèle l'homme avec de la terre et sculpte la

---

[10] Dans un tableau récapitulatif concernant les trois grands ensembles bibliques (*Torah, Nebiim, Ketubim*), il est paradoxal d'évoquer la canonisation en même temps que la stabilisation *relative* des textes : Römer *et al.* 2004 : 47-48.

femme à partir d'un os de l'homme, puis il les nomme. La suite est un enchevêtrement littéraire, plus répétitif encore et avec des passages généalogiques insérés pour faire le point sur le récit (Genèse 5 et 10). Certains passages sont des interpolations brèves censées apporter une explication supplémentaire et définitive à un élément du récit. Par exemple, il est vraisemblable que le Déluge n'était pas à l'origine très bien justifié, le texte se contentant d'affirmer que le « mal » (ra‘) était sur terre après l'expulsion du couple primordial du jardin d'Éden et après le meurtre d'Abel par son frère Caïn. Un scribe a cru bon d'ajouter un « événement » amplifiant ce mal sur terre : les fils de Dieu virent que les femmes étaient belles et ils s'accouplèrent avec elles (Genèse 6,1-4). Souvent, on en conclut que de cette union seraient nés des géants mais le texte dit précisément que ceci se déroula seulement *au temps* des géants (Lemardelé 2010). Un élément d'ordre mythologique s'ajoute donc au début d'un passage narratif pour lui donner plus d'importance encore ; cet élément sera à l'origine de grands développements dans des livres ultérieurs à la Genèse et non reconnus comme canoniques. En effet, dans le livre pseudépigraphique d'*Hénoch*, « personnage » cité dans la généalogie de Genèse 5, dans le livre des *Jubilés* et dans le *Livre des géants* dont des fragments ont été trouvés à Qumran (manuscrits de la mer Morte), les fils de Dieu sont nommés et s'apparentent à des anges quelque peu démoniaques (Wise *et al.* 2003 : 298-303). Les géants ne sont plus simplement les grands guerriers d'antan sur le modèle du philistin Goliath mais des êtres véritablement surhumains et sauvages du fait qu'ils proviennent d'une union illicite et contre nature : ils sont cannibales. D'une part, ces récits des débuts de l'humanité participent tant de la mythologie que du polythéisme avec la mention des « fils de Dieu » (b^{e}nê ha'élohim) – et non les anges de Dieu comme on pourrait spontanément le penser. D'autre part, la littérature ancienne était en mesure d'inventer et de reprendre des éléments traditionnels de la littérature proche-orientale. En aval, donc dans le *Livre des géants*, l'un d'entre eux se nomme Gilgamesh et, en amont, comme on le sait depuis le XIXe siècle, le déluge est propre au monde mésopotamien. Dans les nombreux textes mythiques retrouvés sur tablettes et mentionnant un déluge, couvrant le second et le premier millénaire avant J.-C. (Bottéro et Kramer 1989 : 526-601), bien souvent les dieux veulent en finir avec les hommes parce qu'ils sont trop bruyants. En ajoutant l'union de dieux avec des femmes pour rendre le déluge encore plus nécessaire, le scribe a donné l'occasion à ses épigones qui développèrent des récits à partir de cet épisode de renchérir, le goût de l'invention littéraire l'emportant sur la rigueur théologique et philologique du copiste.

Le déluge est censé être une sorte de recréation du monde : Dieu fait table rase du passé. Mais un scribe (le même ?) a ajouté un autre bref récit d'ordre mythologique : la tour de Babel. Les hommes font montre encore de leur esprit d'indépendance et d'orgueil en construisant une tour pouvant toucher le ciel. Cette fois, la colère divine se fera ruse en brouillant leur langage. De là, l'humanité devient une constellation de peuples, parlant des langues distinctes, ce qui constitue une bonne transition avec les récits sur les patriarches et, donc, l'élection d'un peuple en particulier. Mais avant d'en venir à cet aspect de la Genèse, il importe de souligner à quel point les scribes recopiant et prolongeant les récits, se sont plu à insister sur les fautes des hommes, non pas tant pour les accuser que pour rendre le récit général encore plus attrayant. Babel est évidemment Babylone et la tour construite en briques évoque la *ziggourat* de la cité mésopotamienne. De même avec la petite interpolation narrant l'ivresse de Noé après le déluge (fin de Genèse 9), censée briser une certaine harmonie post-diluvienne entre ses fils, dans le seul but de condamner de manière artificielle Canaan, comme la tour de Babel brisa l'harmonie des peuples tels qu'ils sont énumérés en Genèse 10. Dans de nombreux livres, de semblables interpolations s'insèrent entre deux grands ensembles textuels, ceci indiquant à quel point ces livres furent produits de manière progressive et empirique. Du fait de leur hétérogénéité, il devient délicat d'établir des ponts théologiques et conceptuels entre livres distincts. Une même pensée sacerdotale les irrigue mais, dans le détail, le vocabulaire et les conceptualisations diffèrent considérablement. C'est pourquoi il est impossible d'évoquer trop lestement une éthique du sacrifice énoncée dès la Genèse, qui se retrouverait telle quelle dans le Lévitique.

Pour définir des récits constituant la Genèse sur le modèle des deux premiers chapitres, les concepts de « récit sacerdotal » et de « récit pré-sacerdotal » sont le plus souvent employés, en dehors donc des quelques interpolations que nous venons d'évoquer. Le récit considéré par les spécialistes comme étant sacerdotal concernant Noé n'est pas très regardant quant aux animaux que celui-ci doit embarquer dans son arche : un couple de chaque espèce (Genèse 6,18-20) (Römer *et al.* 2004 :114-133). Le récit qui le précéderait du point de vue de l'histoire rédactionnelle semble à première vue plus sacerdotal en précisant que certaines espèces sont pures et d'autres impures (Genèse 7,1-3), ceci étant en effet conforme à l'esprit de la liste de telles espèces présente en Lévitique 11. L'ordre diachronique d'écriture de ces deux passages presque similaires et se suivant est vraisemblablement juste, mais la mention de la pureté et de l'impureté des espèces ne peut être véritablement *pré*-sacerdotale.

Annonce du déluge

Quand Noé eut atteint cinq cents ans, il engendra Sem, Cham et Japhet.	Voici l'histoire de Noé : Noé était un homme juste, intègre parmi ses contemporains, et il marchait avec Dieu [Élohim]. Noé engendra trois fils, Sem, Cham et Japhet. La terre se pervertit au regard de Dieu et se remplit de violence. Dieu vit la terre : elle était pervertie, car toute chair avait une conduite perverse sur la terre. Dieu dit à Noé : La fin de toute chair est arrivée, je l'ai décidé, car la terre est pleine de violence à cause des hommes et je vais les faire disparaître de la terre. Fais-toi une
Yahvé vit que la méchanceté de l'homme était grande sur la terre et que son cœur ne formait que de mauvais desseins à longueur de journée. Yahvé se repentit d'avoir fait l'homme sur la terre et il s'affligea dans son cœur. Et Yahvé dit : Je vais effacer de la surface du sol les hommes que j'ai créés – et avec les hommes, les bestiaux, les	

bestioles et les oiseaux du ciel –, car je me repens de les avoir faits. Mais Noé avait trouvé grâce aux yeux de Yahvé.

Yahvé dit à Noé : Entre dans l'arche, toi et toute ta famille, car je t'ai vu seul juste à mes yeux parmi cette génération. De tous les animaux purs, tu prendras sept paires, le mâle et sa femelle ; des animaux qui ne sont pas purs, tu prendras un couple, le mâle et sa femelle et aussi les oiseaux du ciel, sept paires, le mâle et sa femelle, pour perpétuer la race sur toute la terre...

Genèse 5,32 ; 6,5-8 ; 7,1-3

arche en bois résineux, tu la feras en roseaux et tu l'enduiras de bitume en dedans et en dehors. (...) Pour moi, je vais amener le déluge, les eaux, sur la terre, pour exterminer de dessous le ciel toute chair ayant souffle de vie : tout ce qui est sur la terre doit périr. Mais j'établirai mon alliance avec toi et tu entreras dans l'arche, toi et tes fils, ta femme et les femmes de tes fils avec toi. De tout ce qui vit, de tout ce qui est chair, tu feras entrer dans l'arche deux de chaque espèce pour les garder en vie avec toi ; qu'il y ait un mâle et une femelle. De chaque espèce d'oiseaux de chaque espèce de bestiaux, de chaque espèce de toutes les bestioles du sol, un couple viendra avec toi pour que tu les gardes en vie. De ton côté, procure-toi de tout ce qui se mange et fais-en provision : cela servira de nourriture pour toi et pour eux. Noé agit ainsi ; ce que Dieu lui avait demandé, il le fit.

Genèse 6,9-22

Quel que soit l'ordre de ces deux passages, il s'agit de deux versions d'un même élément narratif, soit l'entrée de Noé et de sa famille dans l'arche, suivis par les espèces animales à sauver. Aucune des versions n'apporte de détails religieux suffisamment importants pour supposer une révision du passage. Ce cas est typique d'un apport scribal sans aucune justification et qui n'a pas entraîné de réelle correction du passage. Il s'agit plutôt de compléments dans la seconde version, visant à donner des détails pratiques (construction de l'arche, provisions de nourriture) et à mieux expliciter la décision divine (violence humaine).

Après le déluge

Noé construisit un autel à Yahvé, il prit de tous les animaux purs et de tous les oiseaux purs et offrit des holocaustes sur l'autel. Yahvé respira l'agréable odeur et il se dit en lui-même : Je ne maudirai plus jamais la terre à cause de l'homme, parce que les desseins du cœur de l'homme sont mauvais dès son enfance ; plus jamais je ne frapperai tous les vivants comme je l'ai fait. Tant que durera la terre, semailles et moisson, froidure et chaleur, été et hiver, jour et nuit ne cesseront plus.

Genèse 8,20-22

Alors Dieu parla ainsi à Noé : Sors de l'arche, toi et ta femme, tes fils et les femmes de tes fils avec toi. Tous les animaux qui sont avec toi, tout ce qui est chair, oiseaux, bestiaux et tout ce qui rampe sur la terre, fais-les sortir avec toi : qu'ils pullulent sur la terre, qu'ils soient féconds et multiplient sur la terre. Noé sortit avec ses fils, sa femme et les femmes de ses fils ; et toutes les bêtes sauvages, tous les bestiaux, tous les oiseaux, toutes les bestioles qui rampent sur la terre sortirent de l'arche, une espèce après l'autre.

Dieu bénit Noé et ses fils et il leur dit : Soyez féconds, multipliez, emplissez la terre. Soyez la crainte et l'effroi de tous les animaux de la terre et de tous les oiseaux du ciel, comme de tout ce dont la terre fourmille et de tous les poissons de la mer : ils sont livrés entre vos mains. Tout ce qui se meut et possède la vie vous servira de nourriture, je vous donne

CHAPITRE I : LA GENÈSE COMME POINT DE DÉPART... ET D'ARRIVÉE

> tout cela au même titre que la verdure des plantes. Seulement, vous ne mangerez pas la chair avec son âme, c'est-à-dire le sang. Mais je demanderai compte du sang de chacun de vous. J'en demanderai compte à tous les animaux et à l'homme, aux hommes entre eux, je demanderai compte de l'âme de l'homme. Qui verse le sang de l'homme, par l'homme aura son sang versé. Car à l'image de Dieu l'homme a été fait.
>
> Genèse 8,15-19 ; 9,1-6.

En ce qui concerne donc l'écriture de ces textes, une évidente parenté avec Genèse 1 est décelable dans la seconde version du déluge, mais peut être aussi bien supposé l'ajout d'un scribe s'inspirant de ce chapitre liminal plutôt que l'hypothèse d'un même rédacteur. La pureté des espèces est répétée après le déluge dans la première version, quand Noé offre un sacrifice en hommage au dieu du déluge au sortir de l'arche. Si sacrifier des animaux qui viennent d'être sauvés n'a évidemment rien de paradoxal pour des prêtres, reste que seules les espèces pures peuvent être sacrifiées. Les spécialistes considèrent ce passage comme pré-sacerdotal même s'il en a l'esprit, ce qui a un sens du point de vue du style d'écriture et des thèmes lexicaux, mais n'en a pas du point de vue des rites et du culte. Les deux versions s'entremêlant nous semblent ainsi tout aussi sacerdotales l'une que l'autre. Les termes sont alors mal choisis pour qualifier les strates rédactionnelles.

Selon cette approche, Genèse 8,20-21a*.22* serait pré-sacerdotal ; 8,20-21a.*21b*.22 aurait été relu par un rédacteur apportant une touche théologique ; 8,14-19 et 9,1-17 seraient sacerdotaux ; l'interpolation sur l'ivresse de Noé à la fin du chapitre 9 étant de la main d'un ultime rédacteur synthétisant le tout (Römer *et al.* 2004 : 121-124). Analyser les textes avec ce degré de précision paraît bien imprudent, penser en outre qu'il s'agit de rédacteurs intervenant ainsi par petites touches est assez contradictoire car les différences de style et de contenu observées font bien plus songer à des amendements de copistes qui ne s'interdisent pas d'intervenir sur le texte, préférant ajouter du texte qu'en retirer. En outre, les différences de style repérées par les exégètes et les conduisant à identifier des strates rédactionnelles fortement entremêlées, comme dans l'exemple que nous venons d'exposer, indiqueraient l'activité de scribes augmentant de manière empirique les récits qu'ils copiaient plutôt que celle de rédacteurs ayant un but précis. Si mentionner toutes les espèces vivantes de manière redondante fait penser à Genèse 1 et donne une impression de continuité – plus littéraire que théologique car Lévitique 11 n'oublie pas la dichotomie espèces pures/espèces impures dans sa vision totalisante du vivant –, qui plus est avec la mention de l'homme fait à l'image de Dieu, en revanche préciser à plusieurs reprises que Noé se sauve avec ses fils, sa femme et les femmes de ses fils relève du détail narratif sans grande importance.

Repérages en terre promise

L'aspect répétitif de la Genèse est encore plus évident dans les récits concernant les patriarches, notamment Abraham. Les notions de récit pré-sacerdotal, de rédacteur sacerdotal et d'interpolateur post-sacerdotal réapparaissent avec force. Le grand nombre de récits se succédant sur Abraham indiquerait une activité scribale plutôt que des strates rédactionnelles bien difficiles à établir, mais que les exégètes s'obstinent à sauvegarder (Lipschits *et al.* 2017). Deux aspects peuvent être mis en exergue, d'une part des extensions géographiques à mesure que les scribes développent ces récits, d'autre part, la mise en contexte historique et anthropologique du personnage. Pour ce qui est du premier aspect, une contradiction apparaît immédiatement : Abraham est un personnage localisé à Hébron (Finkelstein et Römer 2014a), mais qui proviendrait d'Ur en Mésopotamie, transitant par la Palestine ancienne pour se rendre en Égypte, pour ensuite revenir sur ses pas. Comme le décèle bien Nadav Na'aman (2016a) dans un article récent, la notion de terre promise est exploitée au point que celle-ci en vient même à atteindre l'Euphrate au nord et le Nil au sud. Les scribes insèrent au fur et à mesure dans ces textes des éléments provenant d'autres livres, qu'ils reprennent pour enrichir la geste d'Abraham. Ainsi le migrant devient-il un chef de guerre en Genèse 14. Le mensonge d'Abraham concernant sa femme, qu'il désigne comme étant sa sœur pour la protéger (Genèse 12, 6-9), est repris dans le chapitre 20 avec un élément supplémentaire : elle est sa demi-sœur. Ainsi également, les alliances sont répétées et Abram devient Abraham, à moins que ce ne fût le contraire.[11] En effet, une stèle égyptienne du début du XIIIe siècle mentionne une tribu des *Banou Raham*, « fils de Raham », dont l'ancêtre éponyme ne pouvait être désigné que par *Abou Raham* (Liverani 2010 : 54). Il ne s'agit aucunement de situer le personnage biblique aussi haut dans le temps mais de considérer sa vraisemblance dans le monde tribal des semi-nomades de la Palestine ancienne. Il est possible que l'insertion de ce personnage et de son « folklore » soit à situer à l'époque perse afin d'inclure des populations exogènes qui ont, en quelque sorte, trouvé une place dans la Judée ruinée par Babylone au début du VIe siècle.[12] Mais il semble plus simple et plus évident de considérer la place narrative occupée par Abraham. En effet, afin d'être cette figure d'ancêtre originel, il devait être ce pasteur nomadisant, non encore pleinement installé sur une terre qui serait celle de ses descendants, préparant le terrain en quelque sorte et représentant un état de

---

[11] Renommer des personnages est une pratique courante dans ces textes scribaux : en Juges 6-8, Gédéon avait visiblement pour nom Yérubaal puisqu'Abimélek, au chapitre suivant, est dit « fils de Yérubaal et non de Gédéon ». De même, en 1 Samuel 1, alors que Hannah annonce la naissance de son fils comme étant « Saül », il est finalement nommé Samuel. Si la « recherche » exégétique s'en tient au *textus receptus*, quelqu'un de plus audacieux et travaillant sur la culture scribale n'a aucun problème à reconnaître une « *Saul's old birth narrative* » dans ce premier chapitre de 1 Samuel. Milstein 2016 : 185-189.

[12] Pourquoi ne pas déceler une « religion abrahamique » faisant le pont entre judaïsme et islam non sur des textes mais sur des traditions rituelles dans la région d'Hébron : Stroumsa 2017 : 213-218?

civilisation considéré comme antérieur à celui des sédentaires. À partir de là, et plus que Noé, son rôle offrait la possibilité d'ajouter de multiples épisodes à son histoire.

L'autre ancêtre apparaissant incontournable dans cette partie de la Genèse qui forge l'ethnogenèse des Israélites se nomme Jacob. Il semble en effet être le représentant d'un autre point géographique : après Hébron au sud-est de Jérusalem, Bethel au nord. Même s'il semble a priori moins instable qu'Abraham, il viendrait à l'inverse du sud à Béer-Shéva, pour se rendre en Mésopotamie (Harrân), retournant donc au pays de son ancêtre.[13] Finalement, après avoir nomadisé en pays araméen, il se fixe à Bethel (Genèse 35). Une tension se fait donc jour dans l'ensemble de ces récits entre la notion d'autochtonie et d'allochtonie : Israël est-il d'ici ou est-il d'ailleurs ? Cette tension récurrente dans les textes bibliques s'explique par l'aspect dimorphique des sociétés proche-orientales anciennes, mettant en contact permanent semi-nomades et sédentaires. Elle s'explique aussi par la spécificité idéologique de la représentation religieuse développée dans ces textes, le mythe allochtonique servant à légitimer la divinité. Les scribes font voyager Jacob presque autant qu'Abraham, lui préparant une installation ultérieure en terre promise, annonçant une appropriation de lieux, dont Sichem. À l'instar de son « ancêtre », il semble lié à un territoire restreint en particulier mais, à la différence d'Abraham, d'autres textes bibliques comportent des traditions plus anciennes que la Genèse sur Jacob (Finkelstein et Römer 2014b). Le livre prophétique d'Osée, si important et peu développé, pouvant être daté de la fin du VIIIe siècle, mentionne le nom comme étant celui d'un groupe humain et d'un territoire. Vouloir faire d'Abraham le représentant du sud, et donc de la Judée, et de Jacob le représentant du nord, donc d'Israël, est sans doute excessif. Le combat de Jacob contre l'ange de Dieu dans la Genèse est typique de l'interpolation d'un scribe[14] qui souhaitait rendre encore plus explicite le récit général en ajoutant un aspect étiologique : Jacob devient Israël (Genèse 32,23-32). Les scribes ont vraisemblablement puisé dans les passages obscurs d'Osée 12 – « Jacob s'enfuit aux campagnes d'Aram, Israël servit pour une femme, pour une femme il garda les troupeaux » (v. 13) – pour forger la figure humaine de Jacob :[15] tradition orale avec Abraham, tradition orale et écrite avec Jacob. Ainsi une filiation Abraham-Isaac-Jacob peut-elle être construite, tendant vers la notion de « peuple d'Israël » et comportant un personnage

---

[13] Bien que là encore, on puisse penser que la présence d'Abraham à Harrân soit un emprunt au cycle de Jacob. Voir Römer *et al.* 2004 : 150.

[14] L'interpolation est manifeste car elle interrompt le cours d'un récit : les retrouvailles fraternelles de Jacob et d'Ésaü. Ce récit est lui-même un ajout car il vise encore à établir Ésaü comme l'ancêtre des Édomites à Séïr et fait de l'établissement de Jacob à « Sukkot » une étiologie de la fête du même nom, fête des tentes ou des huttes (Genèse 23,16-17).

[15] S'il est bien dit en Osée 12 que Jacob supplante son frère dans le sein maternel (v. 4) – il le tient par le talon en venant au monde (Genèse 25,26) –, en revanche, ce dernier n'est pas nommé. Il ne s'agit donc pas d'Ésaü et encore moins d'un quelconque édomite puisque ce livre prophétique centre son discours sur la tribu principale d'Israël, Éphraïm. L'opposition entre Jacob et Ésaü est plus tardive et se trouve dans le très court livre prophétique d'Abdias contre Édom. Le nom et l'entité « Jacob » sont liés à la mémoire collective.

intermédiaire, Isaac, peut-être intégralement littéraire. La personnification de Jacob a été suivie de celle de son « fils » Joseph qui désigne également un groupe humain sur un territoire dans des textes plus anciens – à Béthel comme Jacob (Amos 5,6) ? –, voire une des tribus d'Israël en Deutéronome 33. Cette liste est d'ailleurs reprise en Genèse 49 et les tribus deviennent les fils de Jacob/« Israël ». Les scribes ont donc créé de toutes pièces une histoire des origines bien peu fiable, sans cesse enrichie de nouveaux détails, s'efforçant de quadriller un espace géographique à conquérir ultérieurement. Nombre d'exégètes considèrent que le livre des Juges a été élaboré afin de servir de transition entre Josué et les livres de Samuel : entre la conquête et la royauté, il fallait inventer une période d'anarchie. On pourrait, nous semble-t-il, caractériser les développements littéraires de la Genèse de la même manière : après avoir créé et recréé l'humanité, il fallait que des récits de transition fassent le pont entre l'origine de tout et la migration d'un peuple destiné à s'installer dans un espace géographique spécifique. Pour ce faire, les scribes ont puisé dans diverses traditions pour les réinventer et pour, progressivement, les amplifier. La Genèse est donc une œuvre collective et anonyme.

Emprunts et traditions

Le livre de l'Exode qui suit est surprenant car, si l'histoire de Joseph est censée donner une explication à la présence des « Israélites » en Égypte, l'ambiance narrative n'est plus la même et, très vite, les scribes recopiant et développant ce livre se focalisèrent sur les rituels. À mesure que les livres s'amplifièrent, la masse textuelle devint plus difficile à maîtriser, accumulant des éléments narratifs comme dans la Genèse ou des descriptions d'ordre cultuel comme dans l'Exode. Comment ces écrits furent-ils progressivement conçus ? Des textes plus tardifs, reprenant les récits bibliques, laissent entrevoir l'inventivité de l'auteur cohabitant avec la rigueur du copiste, voire avec la culture du scribe. Des paraphrases bibliques telles que le livre des *Jubilés* ou les *Antiquités Bibliques* du Pseudo-Philon montrent à quel point il était possible de raconter chaque histoire d'une manière différente. Flavius Josèphe lui-même, qui fustige dans son *Contre Apion* le manque de rigueur des historiens de langue grecque écrivant l'histoire de son peuple, ne se contente pas de traduire fidèlement les textes bibliques dans les *Antiquités judaïques*, il en donne sa version en interprétant des passages, accentuant soit les discours, soit les passages narratifs. De même, les scribes ayant forgé le *Livre des géants* à partir des « traditions » sur Hénoch, n'hésitèrent pas à introduire le héros mésopotamien Gilgamesh dont l'épopée fut copiée sur tablettes jusqu'à l'époque néo-assyrienne, voire sur parchemin.[16] Ainsi, les scribes reprirent des éléments de la culture mésopotamienne pour les adapter. Il en est ainsi pour le déluge,

---

[16] Pour une continuité scribale entre culture mésopotamienne et monde judéen, au sujet même d'Hénoch, voir Sanders 2017.

récit paléo-babylonien (début du IIe millénaire av. J.-C.) réemployé diversement et même intégré tardivement dans l'*Épopée de Gilgamesh* avec quelques aménagements personnels du scribe (Bottéro et Kramer 1989 : 596-598), probablement aussi pour les récits de création qui semblent être des adaptations des théogonies et anthropogonies en akkadien, où les dieux créent en modelant de la glaise, jusqu'à la glorification du dieu Marduk dans l'*Enûma eliš* (« Lorsque là-haut... ») d'époque médio-babylonienne à la fin du IIe millénaire (Bottéro et Kramer 1989 : 602-654). Il en a été visiblement de même encore pour le récit de naissance de Moïse puisque l'histoire de l'enfant « tiré des eaux » a des correspondances assez évidentes avec un récit de naissance de Sargon d'Akkad dont il existe une version datant du VIIe siècle av. J.-C.[17] Les scribes ayant produit la Bible ne travaillaient pas différemment des scribes babyloniens ou assyriens, car la légende de Sargon d'Akkad fut écrite bien longtemps après son règne (fin du IIIe millénaire), pour le « compte » de Sargon II. La mémoire collective, les mythes, l'histoire, l'imagination, les autres écrits, tous contribuèrent à l'élaboration de récits censés établir une vérité d'ordre historique (Assmann 2010). Les textes bibliques n'ont ainsi rien de spécifique dans leur forme, seule l'idéologie politico-religieuse véhiculée les distingue de la production scribale des Syriens d'Ougarit, des Assyriens de Ninive ou des Phéniciens de Sidon. Les « influences étrangères » dans les textes bibliques ne sont que des emprunts ayant pour objectif de mettre en exergue la majesté des débuts. À l'évidence, la culture israélite et judéenne est bien plus marquée dans les livres suivants.

Genèse 1	Création	Emprunt mésopotamien
Genèse 2-3	Création	Idem
Genèse 6-9	Déluge	Idem
Genèse 12-25	Abraham	Traditions autour d'Hébron
Genèse 25-36	Jacob	Traditions autour de Béthel
Exode 1-2	Naissance de Moïse	Emprunt mésopotamien

En ce qui concerne l'Exode, le phénomène des interpolations scribales est pareillement observable. Comme l'écrit Thomas Römer, le petit passage dans lequel Yhwh s'en prend à Moïse pour le faire mourir est énigmatique – sa femme le sauve en l'oignant du sang de la circoncision de son fils (Exode 4) – et il faut toute la persévérance de l'exégète pour penser que les interpolateurs sont d'authentiques rédacteurs. Par

---

[17] Pour tous ces aspects, y compris la légende de Sargon, voir notamment Glassner 2015.

exemple, le fait qu'Exode 18 anticipe sur les chapitres suivants indique seulement l'ajout d'un scribe en dépit de la cohérence narrative de l'ensemble. Dans ces passages du second livre biblique, Römer évoque tant de rédacteurs distincts qu'il serait plus simple d'admettre définitivement que le texte est pluriel et que si nous parvenons à repérer les interpolations, cela ne signifie pas qu'elles avaient grand sens. À la question : « pourquoi des rédacteurs postérieurs à la version originelle auraient-ils eux-mêmes inséré ce passage à un mauvais endroit ? », Römer y répond par une hypothèse sans grand fondement : « Il faut plutôt imaginer qu'il existait une mémoire de l'apport madianite au culte de Yhwh qu'il était impossible d'ignorer ; aussi la seule manière dont on pouvait l'intégrer était-elle de la placer avant la 'vraie' révélation au Sinaï » (Römer 2017a : 88). Sans doute l'un des scribes recopiant le texte avait-il bien plus le souci de réintroduire en Exode 18 le beau-père de Moïse entrevu au chapitre 4 que celui de faire surgir un morceau de mémoire collective. D'ailleurs, en ce qui concerne les origines du yahwisme, il faudrait renoncer à commencer l'enquête par les livres qui les retracent d'une manière édifiante. Des sources moins développées que l'Exode ont plus de chances d'être fiables. Certains textes ayant moins subi les interventions multiples des scribes les recopiant, car comportant moins d'enjeu, ont donc été moins investis et peuvent s'avérer plus anciens. Il semblait légitime de penser « qu'en supprimant Moïse on rend inexplicable la religion et l'existence même d'Israël » (Lemaire 2003 : 34), il apparaît au contraire qu'il rend inexplicable le yahwisme d'Israël, le personnage étant tardif et développé par des scribes peu soucieux d'historicité.

Chapitre II : Développement d'une pensée sacerdotale

Si les ensembles narratifs du Pentateuque sont marqués par une culture scribale très active, les ensembles prescriptifs et législatifs ne le sont pas moins. La fin de l'Exode est un défi au lecteur contemporain tant le projet d'édification du sanctuaire idéal et l'édification elle-même sont décrits dans le moindre détail et sans crainte de la répétition (Exode 25-40). Au cœur de cette somme textuelle se trouve inséré l'épisode du veau d'or, comme sont insérés plus loin de semblables passages narratifs au milieu de lois dans le livre des Nombres. Le Lévitique comporte moins de tels passages car, dans ce livre, le récit du peuple au désert est interrompu afin d'évoquer précisément les règles en matière de sacrifices et en matière de pureté. Toutefois, un peu comme la fureur religieuse de Pinhas en Nombres 25, prêtre assassinant un Israélite et sa femme étrangère, les fils du grand prêtre Aaron se font tuer par le feu de Dieu pour avoir commis une faute rituelle (Lévitique 10). Même dans un livre sur le rituel, rien n'interdisait à un scribe d'insérer un micro-récit afin de justifier un détail d'ordre rituel, et rien n'interdisait de modifier directement le rituel général en recopiant le livre. C'est pourquoi, du Deutéronome au livre des Nombres, s'élabora lentement un système cultuel de plus en plus raffiné, au point de mettre en péril sa mise en œuvre rituelle. Aucun de ces textes ne peut être considéré comme un tout authentique.

Constructions exégétiques

Comme les exégètes biblistes voient des rédacteurs à l'œuvre dans ces textes, transcendant les livres, ils supposent que le document sacerdotal était en somme l'édition d'un ensemble Genèse-Exode, puis Lévitique. Ainsi, les récits renvoient aux législations et les législations aux récits qui les précèdent. La création des espèces en Genèse 1, la recréation en Genèse 9 et la liste des animaux impurs en Lévitique 11 sont mis en interaction avec l'idée qu'une même éthique les irriguerait. L'idée est ainsi résumée par Thomas Römer :

> « L'insistance sur l'offrande végétale en Lv 2, qui trahit peut-être une influence perse, renvoie à l'utopie végétarienne de Gn 1. Ceci signifie qu'il faut définitivement abandonner l'idée reçue d'un premier écrit sacerdotal ne contenant aucun élément d'ordre rituel ou prescriptif. (...) La liste des animaux purs et impurs en Lv 11 ainsi que les différentes indications permettant de diagnostiquer et traiter toutes sortes d'impuretés en Lv 12-15 (...) renvoient, dans le cadre de l'écrit sacerdotal, aux premiers chapitres de la Genèse » (Römer 2008 : 16-17).

Ainsi, les suppositions à partir de textes isolés de leur contexte immédiat s'enchaînent pour mettre ensuite ces textes en connexion. En effet, le chapitre 2 du Lévitique décrit avec force détails les manières de faire une offrande végétale, mais le texte est encadré par des descriptions de différents types de sacrifices de bovins, d'ovins, de caprins et d'oiseaux, en premier lieu l'holocauste qui consistait à offrir un animal entier. Le terme vient d'ailleurs du grec pour signifier qu'on brûlait intégralement l'animal sur l'autel, le terme hébraïque (*ôlāh*) signifiant plutôt l'offrande qui *monte* vers le dieu. Or, après le déluge, Noé offre précisément un holocauste, sacrifice dont la fumée monte jusqu'aux narines de la divinité afin de l'apaiser. Par ailleurs, lorsque Caïn et Abel font leurs offrandes, Yhwh agrée le sacrifice d'ovins d'Abel et délaisse l'offrande végétale de son frère, ce qui suscite sa jalousie et le conduit au meurtre. L'hypothèse d'une éthique végétarienne provient des travaux de deux commentateurs du Lévitique, Alfred Marx et Jacob Milgrom, qui, dans leurs publications, ont pour l'un mis en avant les offrandes végétales comme étant le meilleur sacrifice dans les textes bibliques eux-mêmes (Marx 1994), ce qui était une manière de montrer que l'eucharistie chrétienne était dans la continuité de l'Ancien Testament, pour l'autre de souligner une éthique non violente propre à la Bible hébraïque (Milgrom 2004) : les hommes étant d'abord végétariens, Dieu ne leur accorderait de manger des animaux qu'après le déluge en les sacrifiant et à la condition qu'on n'ingère pas leur « âme » contenue dans le sang – manger *casher* – car celle-ci appartient au Créateur. Milgrom est allé plus loin encore en supposant que les espèces animales de Lévitique 11 interdites à la consommation l'étaient pour assurer leur protection : déclarées impures ou détestables, elles échappaient au prédateur qu'est l'homme.

Ces raisonnements forcent les textes et veulent, par la notion d'éthique, en rétablir une appréciation quelque peu théologique. Les textes bibliques sont clairs de ce point de vue : le sacrifice animal est privilégié par rapport à l'offrande végétale et l'interdit d'ingérer le sang avec la viande précède de loin l'écriture de ces textes. Au même titre que l'interdiction de manger du porc, le tabou sur le sang est d'abord un trait culturel qui devient dans les textes un interdit religieux diversement justifié. En Genèse 9, évidemment, il s'agit de le rappeler dans un contexte littéraire particulier, celui du déluge provoqué par une espèce humaine portée à mal agir : verser le sang de l'animal se rapporte au sang du meurtre commis par Caïn si la mise à mort n'est pas correctement ritualisée. Le scribe qui a inséré ce prolongement au récit indique que l'homme va pouvoir recommencer à manger les espèces animales tout en lui rappelant la manière de le faire, ce qui n'avait pas été précisé auparavant. Par ailleurs, dans la Genèse, il est peu question de la dichotomie pur/impur pour les animaux, car cela n'intervient pas du tout lors de leur création. En revanche, cette distinction devient opératoire dans le Lévitique, livre prescriptif qui n'a pas pour fonction de raconter l'origine du monde. Or la liste des animaux impurs qui est énoncée répète en l'amplifiant la liste plus ancienne de Deutéronome 14, ajoutant à l'interdit de consommation alimentaire celui même de toucher le cadavre de l'espèce prohibée sous peine de devenir impur soi-même. Cette reprise et cette amplification illustre bien l'idée qu'une même pensée sacerdotale s'est développée par à-coups, ainsi que celle selon laquelle les lois du Deutéronome émanent du Temple, comme celles de l'Exode, du Lévitique et des Nombres.

L'anthropologue Mary Douglas avait donné une interprétation tout à fait convaincante de ces deux listes dans *Purity and Danger* (1966) : étaient déclarées impures les espèces qui participaient de deux éléments, l'eau et la terre, la terre et l'air, l'eau et l'air : « Seuls sont purs les animaux qui sont entièrement conformes à leur classe », écrivait-elle dans son chapitre sur « Les abominations du Lévitique » (*De la souillure*, 1992 : 61-76). L'hypothèse est particulièrement éclairante pour les animaux aquatiques qui doivent être pourvus d'écailles et de nageoires comme tout poisson. Pour les espèces les plus proches de l'homme, animaux domestiqués, le critère était plus subtil : n'était pur que l'animal ruminant et ayant le sabot fendu. Douglas énonçait sa thèse de manière limpide en proposant comme critère général celui de la perfection d'une espèce l'éloignant ainsi de tout caractère hybride : l'animal ruminant et ayant le sabot fendu est l'herbivore modèle. Depuis, l'interprétation a été affinée (Houston 1993), mais aussi infirmée, et par Douglas elle-même, finalement « convertie » à la rigueur philologique de l'hébreu de Milgrom, adoptant en parallèle ses conceptions théologisantes (Lemardelé 2014). Or, les espèces déclarées impures le sont parce qu'elles ne font pas partie de la culture alimentaire de la Palestine ancienne, qu'il s'agisse du porc, des équidés ou des camélidés, et sont, pour bien d'autres, des espèces sauvages non chassées, ce qui est le cas des oiseaux étant pour beaucoup des rapaces et des charognards. La taxinomie sacerdotale se veut donc rationnelle et absolue, mais elle reflète des habitudes alimentaires. Par exemple, la liste du Lévitique amende celle du Deutéronome en autorisant la consommation des sauterelles, grillons et criquets. Visiblement, le seul critère qui ne soit pas lié d'une manière ou d'une autre à l'alimentation est l'aspect chthonien de certaines espèces : marcher sur la plante des pieds pour les quadrupèdes, donc à plat sur le sol, ramper sur ou dans le sol, pulluler sur la terre font de ces animaux des sources d'impureté si leur cadavre est touché.

Deutéronome 14	Lévitique 11
1. les animaux terrestres purs Ils ruminent et ont le sabot fendu en deux	1. les animaux terrestres purs Ils ruminent et ont le sabot fendu – les quadrupèdes qui marchent sur la plante des pieds sont impurs (v. 27)
2. les animaux aquatiques purs Ils ont des nageoires et des écailles	2. les animaux aquatiques purs Ils ont des nageoires et des écailles
3. les oiseaux Liste d'animaux impurs sans critère	3. les oiseaux Liste presque similaire sans critère
4. les bestioles ailées Elles sont toutes impures	4. les bestioles ailées Elles sont impures à l'exception des sauterelles, grillons et criquets
	5. les bestioles qui pullulent sur la terre Elles sont toutes impures

Le récit de création en Genèse 1 évoque bien les petites bêtes qui pullulent sur la terre mais sans les nommer péjorativement comme dans le Lévitique par le qualificatif *šèrès*, traduit habituellement par « bestiole ». En effet, ne sont considérés comme des bestioles que des animaux aquatiques (Genèse 1,20). Le déluge n'évoque que les petites bêtes remuantes (*rèmès*) présentes dans la création et qu'il s'agit de sauver comme les autres. Quant au court texte d'après le déluge qui fixe les règles de l'alimentation carnée (Genèse 9), il évoque bien ces bêtes remuantes sans préciser qu'il s'agit de petites bêtes, mais sans non plus les interdire à la consommation. Ainsi, il est possible de suggérer que les règles alimentaires ont augmenté en rigueur, détaillées par les textes au fur et à mesure. Chaque livre comporte des différences dans leur contenu concernant ces règles, ces écarts s'expliquant par la chronologie des livres – le Deutéronome précédant le Lévitique – et par la différence de nature entre eux, la Genèse en tant que récit ne requérant pas la précision terminologique d'un livre essentiellement composé de lois. Ainsi, qu'une même pensée sacerdotale ait été à l'origine de tous ces textes est le plus vraisemblable, mais cela ne signifie pas que des rédacteurs sacerdotaux aient ordonné et harmonisé des livres ensemble pour en faire la Loi de Dieu. La profusion de textes de loi retrouvés dans les grottes de Qumran ne rend plus si singulière cette profusion dans le Pentateuque même (Zahn 2014).

Le document sacerdotal (P) courant de Genèse 1 à Lévitique 16 semble donc être une création des exégètes en quête d'un ensemble pré-canonique plutôt qu'une réalité. En outre, l'exégète traditionnel feuilletait sa Bible dans un codex, allant facilement d'une page à l'autre, d'un livre à l'autre, et retournant en arrière, utilisant au besoin une Bible comportant un apparat critique en note de bas de page. L'exégète contemporain utilise une Bible informatisée lui permettant de comparer de nombreux passages, traduits, en hébreu, en grec, en latin, de mener des recherches lexicales rapides et précises, ce qui l'éloigne définitivement des scribes qui ont produit ces textes sur des rouleaux de parchemin. Assurément, sur ce support encombrant, on ne passait pas d'un passage à un autre si facilement et encore moins d'un livre à un autre. L'autonomie des livres bibliques est d'abord matérielle : sur des rouleaux distincts, les livres restent des entités à part entière pouvant accumuler répétitions et contradictions ; dans un codex, ils deviennent indissociables et rapprochés, ce qui rend les répétitions et les contradictions plus visibles et donc gênantes.

Pensée sacerdotale versus écoles rédactionnelles

Souvent aussi, les exégètes opposent des écoles rédactionnelles et, notamment, un code deutéronomique laïc au document sacerdotal, voire à une école de sainteté. Comme Deutéronome 12 prône l'unicité du lieu de culte tout en tolérant des lieux d'abattage profane dans d'autres villes que celle du Temple, ce texte est opposé à Lévitique 17 qui interdit toute mise à mort en dehors du sanctuaire.[18] Cependant, le texte du Lévitique n'évoque pas des abattages d'animaux dans les villes, mais des mises à mort dans la campagne, sacrifices implicites à des entités marginales désignées comme des « boucs » (*śeʿîrim*). Comme l'ensemble « Lévitique 17-26 » est attribué à l'école de sainteté (H pour Heilig/Holy, « Saint »), les spécialistes opposent deux législations qui, en fait, se complètent, les deux prônant l'exclusivité du culte yahwiste. La phraséologie de « H » étant présente ailleurs et, notamment, à la fin de Lévitique 11 – « vous serez saint car Je suis saint » –, le consensus actuel est de penser que le document sacerdotal aurait été révisé par cette école de sainteté. Il est clair que le style de Lévitique 17 et des chapitres suivants est spécifique, mais il est évident aussi qu'il est aisément imitable. Dans notre optique d'une culture scribale active dans sa manière de copier les textes, les passages de « style H » en dehors de la seconde partie du Lévitique peuvent naturellement être des ajouts de scribes afin de ponctuer mieux encore des législations.

D'un point de vue strictement rituel, l'évolution est pourtant limpide : Deutéronome 12 énonce la notion de sanctuaire yahwiste central, épuré de tout autre culte à des entités divines et vers lequel doivent converger tout type d'offrande, Lévitique 17 le renforce en interdisant des rites annexes vraisemblablement populaires, quelque peu magiques, et Lévitique 16 finit par intégrer en partie ces rites en élaborant un rituel d'expulsion sans mentionner précisément le sacrifice et son destinataire. De cette manière, non seulement nous proposons de souligner la pertinence du consensus ancien qui faisait du code de sainteté un ensemble pré-sacerdotal (Lemardelé 2006), mais nous réaffirmons la nécessité de considérer une pensée sacerdotale globale qui s'est développée par étapes, d'abord avec l'élaboration d'ensembles de lois que nous nommons des codes, ensuite par leur prolongement proprement scribal à partir du moment où ils étaient intégrés dans des livres s'inscrivant dans un schéma narratif général. Pour des scribes, il n'était guère difficile d'intégrer un code normatif dans ce récit, il suffisait d'insérer la formule « Yhwh parla à

---

[18] Voir encore, dans un récent article, Römer 2017b.

Moïse et dit : parle à Aaron... » pour introduire une législation. On trouve évidemment ce type de formule dans le code de sainteté, mais celui-ci est imparfaitement mis dans le contexte du récit général car l'expression « Tente du Rendez-vous » (ʾōhêl môʿéd), qui désigne le temple dans le désert, n'est présente qu'en Lévitique 17, puis seulement en 19,21 et 24,3. Cette dernière remarque plaide en faveur d'une insertion d'un code ancien dans un livre plus récent, insertion que des scribes ont tenté de dissimuler.

Les deux législations du Lévitique ne peuvent pas se confondre tant elles diffèrent de par le style et le contenu. Séparément, James Watt et Jan Joosten ont étudié, l'un la rhétorique de Lv 1-16, l'autre la rhétorique de Lv 17-26, aboutissant à des conclusions tout à fait convaincantes car très divergentes. En effet, à la rhétorique froide, en apparence neutre, chargée d'asseoir la légitimité et le pouvoir sacerdotal en « P » (Watts 2008) s'oppose le discours persuasif de prêtres (Joosten 2010) manquant encore, selon nous, de bases rituelles en « H ». C'est pourquoi d'ailleurs la fameuse conceptualisation du religieux, qui marqua tant la phénoménologie des religions qui voyait tout par l'opposition sacré/profane, est énoncée dans le premier ensemble – les prêtres devront distinguer le sacré du profane, le pur de l'impur – tandis que dans le second ensemble, nous ne trouvons que la scansion du commandement : « soyez saints car je suis saint ». Notons d'ailleurs que les traductions rendent presque toujours le substantif *qōdèš* par « sacré » en Lv 10,10 et non par « sainteté » comme en Lv 21,6. Il est vrai que l'article défini *ha* et le genre masculin du substantif invitent à traduire par « le sacré », alors que « saint » paraît mieux adapté à l'adjectif *qādōš*. Deux conceptions distinctes sont à l'œuvre dans ces textes, la sainteté de « H » semblant pallier l'imprécision dans laquelle sont encore tenues les règles du pur et de l'impur.

Par exemple, les transgressions sexuelles, pourtant énoncées en détail et de manière exhaustive, ne requièrent aucun traitement rituel dans le code de sainteté. Étant des fautes volontaires, elles reçoivent des condamnations sans aucun esprit de clémence puisque la mort est souvent requise (Lv 20). Un exemple intéressant montre les différences de conceptions entre le code et la pensée sacerdotale aboutie. Le cas d'un homme ayant eu des rapports sexuels avec une femme pendant ses menstrues est en effet traité très diversement dans les deux corpus : en Lv 15,24, l'homme se trouve tout simplement dans la même situation que son amante, c'est-à-dire impur, et devra comme elle se purifier ; en Lv 20,18, ce même homme et cette même femme devront être retranchés du peuple. Ainsi, les commandements négatifs de Lv 18, donc les interdits, prolongés en Lv 20 par des dispositions pénales, soit très concrètes – mise à mort mais sans autre précision –, soit très allusive par la mention du sang qui retombera sur les fautifs, révèlent bien plus une difficulté des prêtres pour imposer leur mainmise sur une population indisciplinée qu'un réel pouvoir inscrit dans les mœurs. À l'inverse, les législations sacerdotales reposant sur le pur et l'impur, de la première partie du Lévitique au livre des Nombres, sont, d'une part, plus mesurées, d'autre part, plus à même de s'imposer puisqu'elles forment un système religieux s'efforçant d'être cohérent. Il est d'ailleurs à noter que dans H – c'est le cas dans une législation plus ancienne encore concernant la répudiation d'une femme (Dt 24,1-4) – les termes *tô'ēbāh* et *ṭāmē'* apparaissent comme étant quelque peu synonymes en Lv 18, alors même que le premier, « abomination », n'est jamais utilisé dans le reste du Lévitique ou dans les Nombres, les approximations ayant été visiblement corrigées.

« H » (Code de sainteté) Lévitique 17-27 Discours persuasif Sacrifices à des « boucs » condamnés Typologie d'actes sexuels condamnables Vocabulaire indécis	« P » (Document sacerdotal) Lévitique 1-16 Système rituel Sacrifice d'un bouc à Azazel Règles du pur et de l'impur Vocabulaire fixé

Achevé ou non, le code de sainteté, une fois intégré au Lévitique, avait valeur de loi et, à ce titre, excluait violemment l'inceste à divers degrés, l'adultère, l'homosexualité et la zoophilie. C'est même sans doute en partie pour cela que le code fut repris car il évoquait des questions non traitées dans les textes consacrés aux sacrifices et concernant le pur et l'impur. Les raisons de sa virulence ne sont pas à chercher dans la croyance, mais dans l'idéologie d'un groupe social cherchant à organiser une société sans pouvoir royal et, donc, dans le but de remplacer ce pouvoir. Les prêtres n'ayant pas de force politique et militaire, ils tentèrent d'asseoir leur pouvoir en mettant en place un système totalitaire d'ordre du monde. La norme hétérosexuelle qu'ils établirent était de fait leur norme en fonction de leur vie sacerdotale, favorisant un modèle monogame et endogame (Lv 21).

Pour toutes ces raisons, nous modifierions quelque peu le tableau proposé auparavant :

VIIe- VIe siècle	Code d'alliance (Exode 20,22-23,33)
VIIe- VIe siècle	Code deutéronomique (Deutéronome 12-26)
VIe siècle	Code de sainteté (Lévitique 17-27)
V^e-IVe siècle	Genèse-Exode-Lévitique (rouleaux/livres indépendants)
IVe siècle	Nombres

Sacrifices apotropaïques intégrés dans le système

Nous avons vu que la liste des animaux impurs de Lévitique 11 reprend et développe la liste de Deutéronome 14. Il en est de même en ce qui concerne le culte, ses sacrifices et ses rituels annexes. Le code deutéronomique n'est guère précis quant aux rites à effectuer et il n'évoque que deux catégories de sacrifices quand le Lévitique en décrit cinq. Cette constatation ne doit pas induire à penser automatiquement que les trois types de sacrifices supplémentaires du Lévitique ont été élaborés ultérieurement – même s'ils ont dû être repensés dans un système cultuel fondé sur l'opposition stricte entre le sacré et l'impur – mais seulement à en déduire que les scribes du code deutéronomique n'avaient pas à évoquer les sacrifices d'expiation et le sacrifice de reconnaissance. À mesure que furent élaborés les textes législatifs, les détails du système rituel devinrent plus complexes. Les Psaumes, plus difficiles encore à dater que les premiers livres bibliques, connaissent le sacrifice de reconnaissance (*zèbaḥ tôdāh*) car il fait partie de la vie cultuelle habituelle et privée : « sacrifie à Élohim la *tôdāh* et acquitte pour Élyôn tes vœux » (Psaume 50,14). Cependant, ils évoquent à peine les deux types de sacrifices d'expiation, de purification (*ḥaṭṭā't*) et de réparation (*'āšām*) – « vais-je manger la chair des taureaux [en holocauste], le sang des boucs [en sacrifice de purification], vais-je le boire ? » (Psaume 50,13), car le temple était plus le lieu où l'on prononçait des vœux et où l'on remerciait la divinité par des sacrifices après exaucement de la prière votive, que celui des rituels de purification, rites publics pour l'essentiel d'entre eux. Dans le Lévitique, livre consacré en grande partie aux prêtres, ces rituels sont très largement décrits et détaillés afin qu'ils les mettent en pratique puisqu'ils étaient les détenteurs du savoir rituel. Ainsi, le grand rituel du Yom Kippour, en Lévitique 16, indique comment purifier le sanctuaire une fois l'an et comment purifier le grand prêtre et le peuple. C'est à cette occasion que deux boucs devaient servir au sacrifice, les boucs étant les animaux de prédilection pour ce type de rite utilisant le sang de l'animal. De nombreux exégètes considèrent que le second bouc, celui du peuple, n'était pas sacrifié puisque le texte dit qu'il était relâché dans le désert. Selon un texte rabbinique plus tardif (IIe siècle ap. J.-C.), l'animal était précipité dans un ravin, ce qui en fait un sacrifice par précipitation (*Mishnah, Yoma* 6).

Le Lévitique énonce seulement que le bouc était mené en un lieu nommé Azazel, les rabbins disant que le bouc était envoyé à Azazel. Ce nom énigmatique était-il un toponyme ou une entité divine ? La solution est dans la graphie du nom même. En hébreu, Azazel se comprend comme étant « le dieu (*'él*) fort (*'āzāz*) », et c'est bien ainsi que le nom se lit dans le traité *Yoma* de la *Mishnah* et dans le Rouleau du Temple (11Q 19-20) trouvé à Qumran décrivant les solennités dont le Yom Kippour. En revanche, dans le Lévitique, la graphie a été modifiée de manière à ce que l'entité divine soit dissimulée : *'āzā'zél* n'a guère de sens (Lemardelé 2006). Les livres bibliques affirment

CHAPITRE II : DÉVELOPPEMENT D'UNE PENSÉE SACERDOTALE

une monolâtrie qui ne supporte aucune exception. Tout rite devait concerner Yhwh, ce qui exclut évidemment d'offrir des sacrifices à d'autres dieux mais aussi de pratiquer des rites apotropaïques à des démons pour les éloigner (Lv 17). Or le bouc pour Azazel fait partie de ces rites sans autel.

Le sacrifice de la vache rousse démontre également les aménagements opérés par les scribes du Temple en matière de rituel. Le système cultuel s'est développé dans le sens d'une complexification des rites et de l'amplification de la notion de purification. Le code deutéronomique n'évoque pas cette notion, les sacrifices étant de simples dons sous la forme d'holocaustes ou de sacrifices partagés donnant lieu à un repas. Le code de sainteté, quant à lui, l'évoque en précisant que le sang des sacrifices permet l'effacement des fautes (Lévitique 17,11), mais l'imprécision concernant le type de sacrifice utilisé à cet effet se trouve confirmée un peu plus loin : le prêtre procède à l'effacement des fautes par le sacrifice de réparation en Lévitique 19,22. Or, dans la première partie du Lévitique, malgré quelques confusions, les deux sacrifices d'expiation sont assez bien distingués, le sacrifice de réparation servant, comme son nom l'indique, à dédommager Yhwh, tandis que le sacrifice en ḥaṭṭā't avait une fonction plus purificatrice. Par exemple, dans le détail du rituel de purification du « lépreux » (Lévitique 14), le sacrifice de réparation est mis en exergue, car l'impureté générée par une quelconque maladie de peau est liée à une possible profanation commise par la personne frappée en retour par Dieu. C'est pourquoi le sang de ce sacrifice était appliqué sur la personne elle-même, afin de la réintégrer dans l'espace cultuel (Lemardelé 2004). Le sang du sacrifice pour le péché était plus apotropaïque que prophylactique, d'où un usage quelque peu chthonien : au lieu de l'appliquer sur la personne impure, il oignait les cornes de l'autel et surtout était jeté à sa base comme s'il s'agissait d'éloigner des entités nuisibles (Lemardelé 2002). Or, ce second type de sacrifice a été amplement utilisé dans l'élaboration des grands rituels publics et a été développé à l'extrême. En effet, ce sacrifice devait précéder l'holocauste lors des fêtes (Rainey 1970), comme s'il s'agissait de garantir la pureté de l'espace cultuel avant que ne débutent les offrandes privées. Il en vint même à purifier tout en étant impur.

En Lévitique 4, l'animal sacrifié pour une purification privée était mangé par les prêtres, alors que pour une purification publique, il devait être brûlé intégralement à l'extérieur du sanctuaire dans un endroit pur. Chargé des impuretés d'un seul individu, un animal sacrifié pouvait ainsi être ingéré par les prêtres mais s'il était devenu trop impur, il devait être emmené en dehors du sanctuaire. En Nombres 19, texte rituel parmi les derniers ajouts à une législation sacerdotale déjà complexe, ce sacrifice devient même un sacrifice sans autel effectué directement en dehors du sanctuaire afin d'obtenir une eau lustrale à partir des cendres d'une vache rousse brûlée intégralement. La vache est donc impure avant même d'être chargée des impuretés des hommes. C'est pourquoi Jacob Milgrom intitula un de ses articles « The Paradox of the Red Cow » (1981) : la vache impure purifie, tout en rendant impur le prêtre qui l'a sacrifiée. À l'instar des animaux impurs impropres à la consommation en Deutéronome 14 et véritablement tabous en Lévitique 11, au point qu'il soit nécessaire d'éviter d'avoir un quelconque contact avec leur cadavre, le sacrifice pour une faute est devenu un sacrifice de purification servant presque exclusivement à purifier toute personne ayant eu un contact avec un cadavre humain. Car telle était la finalité du rite de la vache rousse : laver un homme impur à partir de cendres qui avaient rendu impur le sacrifiant. L'obsession de la mort comme contamination est manifeste dans ce texte mais elle apparaît ailleurs, notamment dans le rituel privé du vœu de *nāzîr* (Nombres 6) qui prend pour modèle de pureté le grand prêtre (Lemardelé 2016b : 151-172). Pour ce qui est de la couleur de la vache, elle prend une connotation apotropaïque à l'instar du sang utilisé de manière spécifique dans ces rites et à l'instar aussi d'ingrédients végétaux, à forte odeur, antiseptique ou de couleur rouge, ajoutés à l'eau lustrale (bois de cèdre, hysope, rouge de cochenille [BJ] ou cramoisi éclatant [TOB]).[19] Pour conclure sur ce rite complexe, il est important de préciser que le sacrifice d'une génisse n'ayant jamais porté le joug est mentionné en Deutéronome 21. Le texte du livre des Nombres évoque notamment un contact avec des restes humains qui ne seraient pas liés à une mort naturelle. Or, celui du Deutéronome expose rapidement ce sacrifice dans le cas précis d'un meurtre : l'animal est sacrifié en dehors du sanctuaire, dans un lieu sauvage, en contrebas. Comme le bouc pour Azazel, le sacrifice de la vache rousse ne vient donc pas de nulle part, il s'agit de l'intégration d'un rite périphérique dans le système cultuel sacerdotal.

---

[19] Ce type d'ingrédient se retrouve dans les recettes de guérison à Ougarit. Voir Hawley 2004.

Chapitre III : Activité scribale, autres livres

Dans le Pentateuque, du Deutéronome au livre des Nombres, en passant par l'Exode et le Lévitique, dans le cadre de l'évolution du système cultuel, des rituels étaient élaborés aussi aisément que de réactualiser ou que d'inventer de nouveaux récits. Sans doute le Deutéronome fut-il un livre à part, tardivement intégré dans cette succession narrative de livres – le nom de « deuxième loi », qui lui fut attribué par les traducteurs grecs, souligne à l'évidence cet aspect –, c'est pourquoi il fallut nouer un lien narratif avec lui et c'est pourquoi les récits d'exploration de Canaan se répètent dans quelques chapitres des Nombres et au début du Deutéronome. Une lecture linéaire de l'ensemble pourrait nous faire croire que le cinquième livre de la Bible répète le quatrième mais, comme l'affirme Eckart Otto (2013), grand spécialiste du Deutéronome, c'est dans l'ensemble le contraire, les récits selon lui ayant une même source, s'étant développés plus ou moins parallèlement. Il nous semble toutefois que le développement du livre des Nombres, dans le cadre de la culture scribale, a conduit à amplifier plus encore ce livre et, comme dans la Genèse, à anticiper sur des récits ultérieurs. Cela montre encore que les livres furent recopiés et travaillés indépendamment les uns des autres mais en fonction les uns des autres. C'est la seule manière d'expliquer tant de reprises et de redites.

Tétrateuque, Hexateuque, Ennéateuque

Dans le livre de Josué qui suit, des éléments présents dans les livres précédents se retrouvent. L'envoi d'espions pour explorer le pays avant sa conquête (Josué 2) rappelle Nombres 13 et le début du Deutéronome, de même que la mention d'un roi des Amorrites et d'un roi du Bashân aux allures de géant (Josué 9,10 et 12,4). Comme ce livre ne fut pas compris dans la première traduction en grec de la loi et de l'histoire des Judéens, les scribes continuèrent à le faire évoluer à la différence des livres du Pentateuque. C'est sans doute pourquoi la version en hébreu du livre est différente et plus ample que la version en grec. Aucune coupure évidente n'étant décelable entre l'histoire de l'exode et celle de la conquête, de nombreux exégètes ont émis et émettent encore l'hypothèse d'un Hexateuque : la loi de Moïse aurait compris six livres à l'origine, comme pour les Samaritains. D'autres exégètes considèrent en revanche qu'il y avait un Tétrateuque à l'origine, se terminant au livre des Nombres, Deutéronome et Josué marquant le début d'un autre ensemble appelé « Histoire deutéronomiste ». On peut d'ailleurs même envisager un « Tritoteuque », si l'on pense que le Deutéronome fut intégré avant l'élaboration des Nombres. Que l'on penche pour une hypothèse ou l'autre, il reste que la théorie d'une Histoire deutéronomiste de Martin Noth entrait directement en tension avec la théorie documentaire de Wellhausen (Germany 2018). Il est alors aussi question d'un Ennéateuque, stade final de la construction protocanonique, afin de comprendre les neuf premiers ensembles bibliques, de la Genèse au second livre des Rois.

La notion de Pentateuque attire les exégètes à tel point qu'ils la mettent en avant comme si elle correspondait parfaitement à la « loi de Moïse ». Or la notion est purement descriptive – cinq livres – et opère une coupure entre les livres bien plus conjoncturelle que structurelle. Quand, dans le livre tardif de Néhémie, il est question de la lecture de la loi de Moïse, l'obscurité du texte est inconsciemment comblée – comme en Deutéronome 12 où le lieu de culte exclusif devient le lieu unique – en pensant qu'il s'agit de la lecture de la *Torah* au sens de Pentateuque, bien qu'il ne soit question en Néhémie 8 que d'un seul livre de loi lu par Esdras chaque jour de la fête des Tentes telle qu'elle est décrite en Lévitique 23. Ainsi, dans ce passage, le livre de la loi semble se référer uniquement au livre contenant des prescriptions rituelles. La notion de loi avant toute canonisation des textes est de toute manière à géométrie variable car la loi fut constamment réécrite au point de faire l'objet d'une synthèse dans le Rouleau du Temple retrouvé dans la grotte 11 de Qumran. Non seulement ce texte fait la synthèse du Deutéronome et du Lévitique mais il intègre aussi des éléments de la « Torah d'Ézéchiel »[20] qui se situe dans les derniers chapitres du livre prophétique, loi sacerdotale qui a d'ailleurs été utilisée par les scribes pour élaborer le code sacrificiel du Lévitique.

Le prince, de sang royal, dirige en effet encore le culte public en Ézéchiel 45, tandis que dans le Lévitique, il s'agit du grand prêtre. Ne subsiste plus qu'un sacrifice pour le péché du prince (Lévitique 4). De même, la « Torah d'Ézéchiel » mentionne en 45,18-20 un jour de purification du Temple et un jour d'effacement des fautes du peuple, ce qui se fera le même jour en Lévitique 16. On peut difficilement accepter l'idée que les auteurs de cet ensemble textuel aient voulu remplacer le Yom Kippour par deux jours distincts, il est bien plus envisageable de supposer que ces deux jours furent à l'origine de la grande solennité juive d'expiation. En s'appuyant plus sur des

---

[20] Pour la comparaison entre les deux temples idéalisés d'Ézéchiel et de Qumran, voir Schmidt 1994 : 168-183.

critères stylistiques que sur des institutions cultuelles, nombre d'exégètes bibliques produisent des hypothèses vraisemblables mais difficilement vérifiables.

La théorie documentaire et l'Histoire deutéronomiste furent des jalons importants dans l'histoire de la recherche, mais la réalité des livres bibliques est toute autre : Josué ne fut pas traduit en même temps que les cinq livres le précédant, il fut donc écarté de la loi pour les juifs de langue grecque et, plus tard, pour les chrétiens qui ne s'appuyaient que sur la Septante et l'histoire de cette traduction, mais il est évidemment dans la suite des précédents. Comme l'histoire générale racontée est édifiante, ce livre peine à se montrer pleinement cohérent, un peu à l'image du livre de l'Exode ou de celui des Nombres. En effet, après les récits de la conquête elle-même, plus imaginaires que réels, le livre perd de son souffle avec le partage du pays entre les tribus, d'ailleurs bien artificiel. La fin de Josué – le livre et le personnage – traîne en longueur, un peu à l'image de celle de Moïse à la fin du Deutéronome, et montre une volonté de finaliser enfin un récit exodique général interminable. L'idée d'un grand récit unifié, même sous une forme ramassée courant de l'Exode à Josué (Germany 2017), est peu plausible car, d'une part, il aurait été fixé sur un seul rouleau, d'autre part, c'est oublier un peu vite les lois présentes dans ces livres. Remettre cette production de livres dans une culture scribale fonctionnant de manière très empirique est sans doute moins excitant intellectuellement, mais les hypothèses rédactionnelles de l'exégèse biblique post-wellausénienne peinent à trouver un modèle d'ensemble convaincant.

Livres « historiques » et prophétiques

Le livre qui suit n'est pas moins artificiel mais il compile vraisemblablement des traditions héroïques au lieu d'inventer un récit *in extenso*. Comme l'ont souligné nombre d'exégètes, le livre des Juges a pour fonction d'établir une transition entre la conquête et l'avènement d'un royaume d'Israël. C'est pourquoi les personnages qui y figurent ont le titre de *šōpēt* (juge), au sens de chefs politico-militaires, bien qu'ils n'en soient pas tous réellement. C'est dans ce livre qu'on lit, par exemple, l'histoire de Samson, héros du fait de sa stature de géant, agissant en solitaire, sûr de sa force.[21] Ainsi ce livre n'est-il pas sur le modèle des précédents en s'écartant de tout récit général (à part la tentative des deux chapitres introductifs). Remplacée par des discours récurrents concernant les fautes des Israélites, l'entrée dans une histoire plus plausible se révèle progressivement par le biais des légendes afin de faire la jonction avec le royaume d'Israël. Malgré cela, les livres de Samuel et le début des Rois se situent encore dans les marges d'une histoire attestée par l'archéologie et les sources écrites externes, puisque le récit général vise à établir le royaume unifié d'Israël à partir de Jérusalem. De Saül à Salomon, en passant par David, les scribes ont en effet produit des récits plus édifiants

---

[21] Que caricature l'ensemble des exégètes bibliques : Lemardelé 2012a.

les uns que les autres à partir de traditions écrites et, peut-être, orales. Le meilleur exemple est le célèbre récit de « David et Goliath », dans lequel le jeune berger tue un colosse surarmé avec sa fronde, récit qui trouve vraisemblablement son origine dans l'exploit d'un certain Elhanan, tuant lui aussi Goliath de Gath, avec une lance taillée dans un bois lourd comme une ensouple de tisserand (2 Samuel 21,19 // 1 Samuel 17,7). Cet exemple nous révèle la méthode scribale : à partir d'un élément narratif succinct – 2 Samuel 21 et 23 regorgent de ces éléments, le héros Shamma ayant pu inspirer l'un des exploits de Samson (2 Samuel 23,11 // Juges 15) –, ils élaborèrent un récit détaillé comme celui du combat de David contre Goliath. La stature de héros en mesure de vaincre un géant faisait du jeune David le rival du roi Saül dont les exploits étaient désormais lointains. Après cet exploit, les scribes successifs trouvèrent deux autres manières de mettre en scène cette rivalité : d'abord les maux de tête du roi qui firent qu'on appela un jeune musicien auprès de lui pour l'apaiser, ensuite l'action du prophète Samuel pour oindre le futur roi d'Israël puisque celui qui était en place avait « échoué » (1 Samuel 15).

Cette « légende » peut s'avérer quelque peu surchargée, au point que le traducteur grec ait décidé d'écarter tel ou tel aspect : David étant introduit deux fois auprès du roi Saül (Pogor 2016), la version grecque de 1 Samuel ne comporte pas une grande partie de l'épisode avec Goliath. Ne voulant pas se résoudre à l'idée qu'un traducteur ait pu délibérément omettre une partie du texte en hébreu qu'il traduisait, les exégètes sont contraints de choisir entre texte massorétique et Septante, alors que David en tant que jeune héros tueur de géant devance vraisemblablement le musicien du chapitre précédent. Or, le choix d'une version avant même l'analyse d'un récit dans son ensemble conduit inévitablement à l'impasse, surtout lorsque ce choix se porte sur le récit tronqué de la version grecque (Lemardelé 2013a).

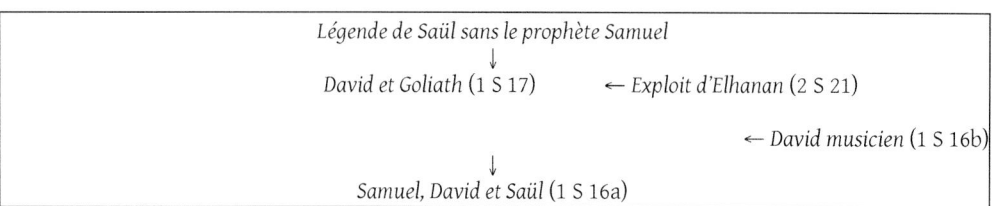

Ces livres peuvent donc comporter des traditions anciennes, sous la forme d'un chant héroïque (Déborah en Juges 5), sous celle de listes de héros à peine modifiées (2 Samuel 23) ou, le plus souvent, sous la forme de récits relus et réinterprétés (mythe de Samson : Lemardelé 2016b : 27-55) voire prolongés et réorientés (légende de Saül : Lemardelé 2016b : 57-97), et d'exploits attribués à un personnage dont on « fabrique » la légende afin de le légitimer en tant que roi d'un Israël unifié (David).

Si le Pentateuque donne à voir, dans l'ensemble, peu de différences entre la version hébraïque et la version grecque, les livres suivants, moins finalisés à l'époque de la traduction des Septante et non encore en voie d'être sacralisés, donc modifiables, demandent de la part du spécialiste, comme on vient de l'entrevoir pour l'épisode « David et Goliath », de confronter les versions afin d'établir des états du texte dans une diachronie. Pendant longtemps, les spécialistes donnaient la préférence, quant à l'authenticité d'un texte, à la version hébraïque dite « texte massorétique », la traduction étant considérée comme fautive. Désormais, la tendance est inverse et, dans nombre de cas, la version grecque est jugée plus ancienne que la version hébraïque, souvent plus longue, donc modifiée et développée après la traduction. Ainsi, pour le début du premier livre des Rois, les deux versions de référence divergent considérablement, la Septante s'avérant plus ancienne que le texte massorétique, cette version s'efforçant d'harmoniser le récit (Schenker 2000). De même en ce qui concerne le prophète Élie dont l'action prophétique se trouve quelque peu réduite au profit de la transcendance divine dans la version la moins ancienne (Hugo 2006). L'exemple le plus édifiant de cet état de fait est le livre prophétique de Jérémie. Longtemps les exégètes ont fondé leurs commentaires sur la version massorétique, alors que la version grecque en diffère considérablement : non seulement elle est plus courte mais l'ordre des chapitres n'est pas le même (Römer *et al.* 2004 : 347-348). Ce livre permet de voir comment des scribes pouvaient intervenir sur un rouleau, non seulement en ajoutant du texte, insérant notamment des formules stéréotypées, mais également en réorganisant la structure du livre. Parfois, l'insertion d'un nouveau passage se situe même à un mauvais endroit car le chapitre 7, en prose, semble avoir opéré une cassure dans un ensemble narratif en vers : le verset 29 est en effet isolé dans ce chapitre, se rapportant vraisemblablement à Jérémie 6,26 au contexte de rites de deuil et de lamentation.

Les trois grands livres prophétiques d'Isaïe, Jérémie et Ézéchiel sont donc le résultat d'une grande activité scribale, tant ils ont été prolongés. Pour le premier livre, les spécialistes évoquent un « Deutéro-Isaïe » pour les chapitres 40 à 55, voire un « Trito-Isaïe » pour les chapitres 56 à 66. Les oracles du prophète historique Isaïe, vivant dans la seconde moitié du VIIIe siècle av. J.-C. à Jérusalem, se trouvent dans la première partie du livre et demeurent difficiles à déterminer. Pour ce qui est du livre d'Ézéchiel, prêtre de Jérusalem en exil à Babylone au début du VIe siècle av. J.-C., la « loi » des chapitres 40-48 est vraisemblablement un prolongement, voire un ensemble distinct servant à clore le livre, alors qu'il n'était pas pleinement finalisé, des témoins textuels attestant un texte moins complet pour les chapitres 36 à 38 (Römer *et al.* 2004 : 367).

Les petits livres prophétiques qui suivent ces trois grands textes sont beaucoup plus courts (Osée, Amos, Michée, Zacharie), voire très courts (Joël, Nahum, Habaquq,

Sophonie, Aggée, Abdias, Malachie), d'où une authenticité prophétique mieux avérée sans qu'elle échappe pour autant à la culture scribale (Lear 2018). Le corpus des douze petits prophètes comporte toutefois une exception, Jonas n'étant pas un recueil d'oracles mais un récit assez fantaisiste. Ces petits textes ont parfois nourri les grands, l'oracle contre les Édomites dans Jérémie 49 est la copie presque conforme du seul oracle d'Abdias (Römer *et al.* 2004 : 417). Du VIIIe siècle au Ve siècle av. J.-C., ce sont des sources historiques de premier ordre mais difficiles à exploiter (les textes prophétiques sont bien souvent allusifs).

Livres dans le désordre

Les livres qui viennent après les Prophètes dans la « bibliothèque biblique » sont homogènes mais très différents les uns des autres et, pour certains d'entre eux, impossibles à dater (Psaumes, Proverbes). Les deux livres des Chroniques sont une version remaniée et expurgée des livres sur les rois (1-2 Samuel-Rois). Les Chroniques prouvent la réécriture de nouveaux livres à partir d'anciens, les Rois puisant d'ailleurs dans le Livre des Chroniques des Rois de Juda (2 Rois 22,39).

Nombre de ces livres sont attribués aux figures tutélaires de David et Salomon, l'un réputé comme psalmiste, l'autre par sa sagesse. Les deux livres d'Esdras et Néhémie, qui forment presque une unité, posent de nombreux problèmes aux historiens. Vraisemblablement tardifs, ils tentent d'expliquer *a posteriori* comment le temple de Jérusalem fut remis en fonction au début de la période perse. Ils reflètent plus sûrement des tensions idéologiques moins anciennes entre Judéens de Judée, Samaritains et Judéens revenant de Babylonie, et rien n'est assuré concernant leur unité littéraire (Amzallag 2018). Certains écrits sont bien le fait d'auteurs et non de scribes, mais ils sont restés anonymes. Tel est l'Ecclésiaste (ou Qohéleth) qui semble manifester une influence grecque par sa philosophie : « vanité des vanités, tout est vanité » ou, pour un sens plus littéral et plus neutre : « vain, tout est vain ». Probablement du IIIe siècle av. J.-C., ce texte relativement bref montre que les Écrits qui se sont ajoutés au corpus étaient de moins en moins anciens. C'est pourquoi les rabbins décidèrent ne pas inclure des livres du IIe siècle av. J.-C. comme l'Ecclésiastique ou Siracide, écrit par Jésus Ben Sira dont n'existent que de longs fragments en hébreu. Traduit en grec par son petit-fils, le texte est intégral mais diffère dans le détail de l'original (Beentjes 1997). L'importance de la version grecque tient aussi au prologue du traducteur. Ce dernier y évoque la tripartition biblique « Loi-Prophètes-Écrits ». Or, le texte de Ben Sira n'évoque rien d'autre que la loi de Dieu, identifiable sans doute aux « livres de Moïse », et fait l'éloge des « hommes illustres » et des « ancêtres » qui correspondent aux récits bibliques (chapitres 44 à 50). Il confirme ainsi l'ordre de ces récits, mais sans encore confirmer une organisation tripartite du corpus. Cet éloge commence d'ailleurs avec Hénoch, confirmant l'importance que prit ce personnage dans la littérature pseudépigraphique, et se termine avec le grand prêtre Simon qui ne fit l'objet d'aucun écrit particulier. Ainsi Ben Sira faisait-il un récapitulatif historique des origines à son époque en s'appuyant tout autant sur une tradition que sur un corpus canonique. Son petit-fils traduisait en grec autrement cette tradition. Pour lui, elle consistait en livres soigneusement classés. Sans doute faut-il faire alors une distinction entre une conception judéo-égyptienne de langue grecque et une conception judéenne de langue hébraïque et araméenne.

Culture scribale, littérature foisonnante

En ce qui concerne la littérature pseudépigraphique et les manuscrits de la mer Morte, la pluralité des textes (manuscrits de livres bibliques, écrits sectaires, commentaires de textes bibliques, textes de loi, textes sapientiaux, psaumes, réécriture de livres bibliques) implique une conception ouverte du corpus faisant référence. Les spécialistes trouvèrent d'abord ce foisonnement surprenant, et plus encore la « *textual pluriformity* » de ces versions de livres bibliques d'époque romaine. Ensuite, nombre d'entre eux comprirent qu'une autorité canonique avait été projetée sur ces livres, qui faisaient autorité sans exiger qu'ils soient définitivement fixés ni classés (Anderson et Giles 2012 : 25-35). L'autorité religieuse d'un texte conduisant à sa stricte fixation écrite ne devait être progressivement établie qu'après le Ier siècle ap. J.-C. en Palestine (Anderson et Giles 2012 : 38-39). Tandis qu'en terre étrangère – doublement étrangère car il s'agissait aussi d'une langue, le grec, qui n'appartient pas au monde linguistique sémitique – avec une autre culture de l'écrit, devait exister une volonté sous-jacente à classer pour faire corpus et à fixer l'écrit définitivement sur le modèle du livre d'auteur. Cette volonté était vraisemblablement présente quand il s'est agi de promouvoir les livres de loi des Judéens. En effet, la *Lettre d'Aristée*, qui raconte *a posteriori* et en embellissant considérablement l'œuvre de traduction des Septante (Vianès 2017 : 3-50), précise déjà qu'il y avait pluralité des manuscrits divergeant entre eux. Aristobule, philosophe juif péripatéticien du IIe siècle av. J.-C., dit également selon la citation qu'en fait Eusèbe de Césarée que « la sortie d'Égypte des Hébreux nos compagnons, le récit glorieux de toutes leurs prouesses, leur mainmise sur tout le pays et l'explication additionnelle de la Loi tout entière » avaient été traduits avant cette traduction officielle (Harl *et al.* 1994 : 45). La volonté était donc d'établir un texte faisant autorité pour les Judéens hellénophones d'Alexandrie. Bien que la traduction se soit vraisemblablement faite livre par livre, le corpus ne se dégageant que de manière empirique, la Septante a fini par apparaître comme un corpus clos et faisant sens en lui-même (Honigman 2017). À l'inverse, les rabbins de Judée, mais aussi de Babylone, très attachés à la notion de loi orale, développèrent parallèlement à la loi écrite des prescriptions (*Mishnah*, puis *Talmud*) et des récits à partir des récits bibliques (*Midrash*). Dès lors, il est possible de suggérer que la notion de Bible est bien plus un fait de culture grecque, habituée à nommer des auteurs depuis Homère et Hésiode, et à déterminer des œuvres en fonction de ces auteurs,[22] plutôt qu'émanant de la culture scribale sémitique, accumulant des écrits dans une profusion qui ne requérait guère de limites intangibles. Quand Flavius Josèphe indique que l'histoire et les lois de son peuple sont contenus dans vingt-deux livres – Ruth pouvant être rattaché aux Juges et les Lamentations à Jérémie –, il s'adresse en grec à des lecteurs de langue grecque et s'appuie vraisemblablement sur le corpus en langue grecque pour l'affirmer, même s'il a pu utiliser une version hébraïque des livres pour établir sa paraphrase. Or, dans ses *Antiquités judaïques*, qui paraphrasent les livres bibliques (en historien de son temps écrivant en grec, Josèphe ne traduit pas des sources mais réécrit l'histoire à partir d'elles), il n'hésite pas à utiliser des livres deutérocanoniques comme le premier livre des Maccabées, et même la *Lettre d'Aristée* (Nodet 2017a),[23] afin de retracer l'histoire la plus ancienne de son peuple jusqu'à la plus récente de la Judée. La fermeture du corpus était donc quelque peu artificielle et devait avoir une visée apologétique.

Pour conclure, quelques idées marquantes sont à consigner : 1) les textes les plus anciens ne se trouvent pas dans le Pentateuque, d'où la nécessité pour l'historien de ne pas commencer par le début ; 2) les textes les moins anciens se trouvent dans la foison des derniers livres ajoutés à l'ensemble (les Écrits) ou rejetés (le « corpus » deutérocanonique et les pseudépigraphes) ; 3) l'ensemble des livres bibliques est le produit d'une culture scribale qui les rend difficiles à situer historiquement et qui en a fait des ouvrages très hétérogènes ; 4) dans ces livres, les ajouts récents de scribes encadrent ou introduisent des documents plus anciens, voire très anciens, ce qui atténue considérablement toute polémique entre une vision minimaliste de ces textes (datation très basse : époque hellénistique et romaine)[24] et la vision maximaliste du siècle dernier qui accordait une grande ancienneté et une grande fiabilité historiques à l'ensemble des textes, ainsi que des datations hautes ; 5) le corpus qui émergea peu à peu, jetant des ponts narratifs entre livres afin de raconter une grande histoire générale, n'avait pas vocation à être fermé dans le monde juif palestinien et parmi les descendants d'exilés en Babylonie. Ce sont les émigrés égyptiens, ne lisant plus que le grec et principalement le Pentateuque (corpus conjoncturel dont fut exclu Josué qui fut séparé des cinq premiers livres par leur traduction en grec), tel le philosophe

---

[22] « *The Alexandrian scholars saw their task as restoration of the original text of Homer, whom they saw as an individual poet who composed his poems in writing* », Finkelberg 2018 : 18.
[23] Mais sans suivre l'idée de l'auteur d'un milieu hébraïsant à Alexandrie finalisant la *Torah* en hébreu pour ensuite la traduire.
[24] Voir, par exemple, Gmirkin 2006 et 2016. Ne prenant pas en compte la notion de culture scribale, l'auteur postule que le récit du déluge et le récit exodique ne seraient pas antérieurs au IIIe siècle av. J.-C., voyant le jour à Alexandrie à partir d'écrits en grec. De même en ce qui concerne les lois bibliques.

Philon d'Alexandrie, qui ont imposé une conception fermée et, donc ultérieurement, canonique du corpus biblique. En confrontant un judaïsme babylonien relativement peu attaché à la loi écrite et un judaïsme alexandrin scripturaire, le judaïsme se définit alors par rapport à un milieu étranger : Babylone, terre de scribes, et Alexandrie, phare de la culture grecque et de ses lettrés (Nodet 2017b). Les textes issus de ce milieu décrivent d'ailleurs le monde judéo-samaritain à l'aune des conceptions grecques. C'est ainsi que sous la plume de l'auteur de la *Lettre d'Aristée*, Moïse n'est pas un prophète mais le Législateur sur le modèle de Lycurgue à Sparte ou de Solon à Athènes.

Culture scribale judéenne		
Lois de Moïse et Histoire d'Israël (ensemble de livres se suivant : « Ennéateuque ») Livres prophétiques divers (Isaïe, Ézéchiel, Jérémie et les XII) Livres divers (sapientiaux, psaumes, récits) Livres pseudépigraphiques (*Hénoch et alii*) Manuscrits de la mer Morte (écrits esséniens, lois, psaumes, etc.)	**Culture scripturaire alexandrine** *Septante*/Pentateuque (traduction) Prophètes (traduction) Écrits (traduction) ↓ BIBLE	**Culture rabbinique judéenne et babylonienne** *TORAH* écrite et « orale » Mishnah et *Tosefta* Talmud Midrash

Partie II
Le monothéisme, fusion de deux formes de yahwisme

Chapitre I : Aux origines du yahwisme

Une fois les cinq premiers livres traduits en grec, les historiographes de l'époque hellénistique à Alexandrie eurent accès à l'histoire ancienne d'une population bien identifiée : les *Ioudaioï* de Judée. Ainsi purent-ils réécrire l'histoire et se montrer bien peu rigoureux dans leur manière de la raconter, voire insultants vis-à-vis d'une population immigrée qu'ils détestaient. C'est la raison pour laquelle Flavius Josèphe, à la fin du Ier siècle de notre ère, écrivit le *Contre Apion* afin de rétablir un certain nombre de vérités selon lui. Voulant réfuter les dires de l'Alexandrin Apion, contemporain de Philon, Flavius Josèphe, dans la première partie de son traité, dut toutefois s'employer à mettre en cause la rigueur historique des écrivains de langue grecque, voire à ridiculiser le récit qu'ils firent sur son peuple, récit repris par Apion. Pour prouver la haute antiquité de son peuple, Flavius Josèphe fut contraint de démontrer la fiabilité et la haute antiquité historiques des textes issus de la tradition juive. Il affirme *traduire* les livres hébraïques dans ses *Antiquités Judaïques*, mais, à la manière d'un historien de langue grecque, notamment d'un Polybe, il ne fait, comme il l'écrit lui-même, que proposer sa version des faits à partir essentiellement de cette documentation, d'où la paraphrase des textes bibliques : « Quant au présent ouvrage (...), il se propose de contenir toute notre histoire ancienne, et d'exposer nos constitutions, le tout traduit des livres hébraïques » (*Antiquités* I, 5).

Ainsi, ses *Antiquités* ne sont guère distinctes dans le principe d'écriture des *Antiquités Romaines* de Denys d'Halicarnasse. Comme l'écrit Denis Lamour, « il se veut historien grec assurément, historien romain, par ses prises de position et (...) en outre un historien juif, par le contenu de ses œuvres » (Lamour 2003 : 49). Cette manière d'écrire l'histoire ancienne d'un peuple était déjà celle de l'Égyptien Manéthon, cité longuement par Flavius Josèphe, qui utilisa les archives des temples pour écrire sa propre version des faits, le tout en grec pour des Grecs.[25] Or, si sa documentation est fiable historiquement, en revanche, il commet des interprétations hasardeuses, notamment celle d'assimiler arbitrairement les Hyksôs, dynastie pharaonique d'origine ouest-sémitique autour du XVIIe siècle av. J.-C. (Grimal 2014 : 241-257), aux « Hébreux » fuyant ultérieurement l'Égypte et fondant Jérusalem, affichant ainsi son mépris pour les uns et pour les autres (*Contre Apion* I, 75-90).

Ainsi, sous la plume de ce même Manéthon, dès le IIIe siècle av. J.-C., surgit un récit exodique déformé. L'idée est simple : il ne s'agit plus du retour d'un peuple vers sa terre promise mais de celui d'un ramassis de lépreux expulsés par le pharaon. Ainsi le fait narratif le plus saillant du Pentateuque était repris et transformé très peu de temps après la traduction des Septante. Ce *topos* d'un peuple paria est également présent dans un passage d'Hécatée d'Abdère, historien de la fin du IVe siècle av. J.-C., cité par Diodore de Sicile (Ier siècle av. J.-C.). Flavius Josèphe cite longuement Hécatée, le tenant d'ailleurs en haute estime pour un autre passage tiré d'un livre consacré aux Juifs, livre sans doute apocryphe tant il leur est favorable. Il ne relève pas la notice qui entre en contradiction avec ce qu'il cite car, visiblement, il ne la connaît pas. Or, il n'aurait pas manqué de la lire tant Hécatée était renommé et tant l'insulte à son peuple lui était peu supportable. Le plus raisonnable est donc de penser que la notice d'Hécatée d'Abdère était un faux établi par Diodore lui-même, faux qui ne visait qu'à discréditer les Juifs comme peuple de haute origine (Zamagni 2009). Ainsi, même totalement déformé, le récit exodique fonctionnait parfaitement comme récit d'origine pour des auteurs de culture grecque.

Faire l'histoire d'Israël et de son dieu séparément

Comme nous l'avons vu auparavant, les récits de la Genèse sont une sorte de remplissage, chargés d'établir l'origine du monde à partir de traditions mythiques empruntées à la Mésopotamie et de fixer les origines d'un peuple. Aujourd'hui, aucun historien sérieux ne défendrait l'historicité d'un Abraham à l'âge du Bronze ancien ni ne trouverait plausible l'histoire de Joseph vendu comme esclave par ses frères et faisant carrière en Égypte. La Genèse est le livre nécessaire pour donner une assise au récit exodique, qui est le véritable récit fondateur d'Israël. Il est possible en effet d'affirmer que sans ce récit, englobant migration d'un peuple et installation en

---

[25] « Manetho did not simply translate the Egyptian king-lists from which he drew his information, but he rewrote them, and in particular fleshed them out with narratives in order to clarify their implicit meanings for his Greek-speaking readership », Honigman 2017 : 74.

Canaan, il n'y aurait eu ce récit général des origines à la période anarchique des Juges jusqu'aux rois. Or le récit exodique, devenu fondateur pour tous les « Israélites » après l'Exil (Judéens et Samaritains), n'est pas historique, mais idéologique. Historiquement, l'entité « Israël » existe depuis au moins l'extrême fin du XIIIe siècle av. J.-C. puisqu'elle est mentionnée sur une imposante stèle de victoire militaire du pharaon Merenptah, parmi bien d'autres vaincus à l'est (Libyens), au sud (Nubiens) et au nord (Peuples de la mer) de l'Égypte, les trois dernières lignes de l'inscription uniquement désignant des lieux et une population cananéens. L'histoire de l'Israël biblique s'inscrivait donc sur la très longue durée, du Bronze récent à la période romaine sous Hadrien (Knauf et Guillaume 2016). Cette mention ne désignant pas un lieu, qui doit en ce cas être marqué par un glyphe spécifique, comme pour Ashkelon et Guézer, on interprète le glyphe apposé au nom comme étant celui d'un peuple (Grabbe 2007 : 78). Ce peuple doit être considéré, si l'on se place d'un point de vue anthropologique, comme un groupe intertribal, peut-être en partie ou totalement semi-nomade. D'une part, c'est la seule organisation socio-politique possible à cette époque au Proche-Orient ancien quand il ne s'agit pas d'une cité, d'un royaume ou d'un empire, d'autre part, le pharaon a pris soin de faire marquer qu'Israël n'était pas seulement vaincu et décimé, comme les lieux mentionnés auparavant, mais sans semence, donc sans descendance. Or le mode de vie semi-nomade insiste généralement sur cet aspect dont dépend la survie du groupe. Dans la Genèse, Abraham, Isaac et Jacob doivent s'assurer une descendance. Dans les basses terres, des semi-nomades étaient toujours présents, notamment au sud de Jérusalem, dans les steppes du Néguev qui rendent propices, encore de nos jours, ce mode de vie. Comme l'a montré Michael Rowton pour la Mésopotamie, les sociétés du Proche-Orient ancien étaient *dimorphiques* et mettaient en contact permanent des sédentaires agriculteurs et des semi-nomades éleveurs, pouvant aller d'un mode de vie à l'autre au gré des circonstances (Szuchman 2009). À l'époque de la probable rédaction et mise en forme des récits patriarcaux – le consensus scientifique retenant l'époque perse (extrême fin du VIe siècle-seconde moitié du IVe siècle) –, la présence se faisait peut-être plus insistante du fait de la disparition des entités étatiques israélite et judahite.

Le groupe tribal « Israël » était sans doute assez proche de ce que le chant de Déborah (Juges 5) évoque. Appelant à la guerre contre des rois des cités cananéennes, la prophétesse invite au combat les guerriers de différentes tribus, qui répondent... ou pas. Le fonctionnement militaire évoqué dans ce texte archaïque relève non pas de la levée de troupes par un roi, comme à Mari en Mésopotamie au XVIIIe siècle av. J.-C. avec le roi Zimrî-Lîm s'appuyant sur sa tribu d'origine, les Bensimalites (Durand 1998 : 464-470), mais de l'action spontanée dans un cadre intertribal relativement lâche, les guerriers dénouant leur chevelure librement pour combattre (Juges 5,2).

Même si le chant de Déborah doit être considéré comme ayant trait à un événement plus tardif, local et moins important que la campagne de Merenptah, il fait état d'une entité israélite vraisemblablement proche par son organisation – il n'y a pas de roi en Israël à cette époque (XIe siècle av. J.-C. ?). Cette mention très ancienne d'Israël sur une stèle égyptienne atteste de l'autochtonie des populations désignées par ce nom, cela avant même que l'archéologie indépendante de la Bible (telle qu'elle fut mise en œuvre par Finkelstein) ne le fasse. Ainsi, elle atteste d'un fait crucial : cette entité se définissait par son dieu, et ce dieu était tout simplement le roi des panthéons ouest-émitiques – *'Él* ou *'Ilu* à Ougarit. Ainsi, le récit exodique à marche forcée avec le dieu Yhwh ne se réfère pas à l'Israël historique, puisqu'il porte une origine allochtonique (Israël vient d'ailleurs mais a vocation à s'établir en une terre promise : Lemardelé 2013b) comprenant l'ensemble du peuple, et non un groupe intertribal plus ou moins uni. C'est la raison profonde pour laquelle le récit biblique est plus idéologique qu'historique, et c'est aussi pourquoi il importe tant de distinguer entre les origines historiques d'Israël et les origines historiques du yahwisme, soit les conceptions religieuses liées au dieu biblique.

La dichotomie autochtonie/allochtonie est importante, car est observable une tension entre, d'un côté, l'injonction faite à Jacob de retourner au pays de ses ancêtres (Genèse 31), alors qu'il se trouvait chez l'Araméen Laban, et de l'autre, le rappel incongru fait au migrant israélite : « Mon père était un Araméen qui descendit en Égypte » (Deutéronome 26,5-9) (Teixidor 2003). Pour le moins, l'origine des Israélites semblait confuse dans l'esprit des scribes. Sur le plan de l'archéologie et de l'histoire, la question est tranchée puisque l'occupation des hautes terres au nord de Jérusalem semble être le fait de la sédentarisation de pasteurs au cours des XIIe-XIe siècles, ne mangeant pas de porc. L'évolution économique de ces populations se traduit d'ailleurs par l'adoption peu après de la « maison à piliers » en mesure de fournir une pièce de stockage et une cour intérieure pour les animaux d'élevage (Liverani 2010 : 88-89). Nous sommes donc loin de l'arrivée de migrants s'installant avec fracas à l'instar des Peuples de la mer et notamment des Philistins sur la côte du Levant (Cline 2016 : 121-159). L'occupation des hautes terres traduit soit une conversion à l'agriculture de populations semi-nomades des basses terres non urbaines, soit la conséquence d'une expansion démographique et urbaine par l'établissement de nombreux villages (Gadot 2017). Cette occupation des collines par les Israélites a peu à voir avec le yahwisme qui est un phénomène distinct. Rien n'interdit toutefois de suggérer qu'une frange des populations se sédentarisant ait pu être d'origine immigrée, c'est-à-dire être allochtone.

Dans la conception de l'écriture des textes énoncée plus haut, l'exploration de cette hypothèse ne peut se fonder sur un livre comme l'Exode. Le récit fut tellement développé qu'il est délicat de dégager le noyau narratif du mythe exodique à partir de cet écrit. Pour ce faire, il importe de rechercher dans des livres autres que ceux du Pentateuque et de Josué (« Hexateuque »). Dans le Deutéronome et dans les livres des Nombres et de Josué, et bien sûr dans l'Exode, un petit détail lexical révèle la reprise et le développement du motif initial : il n'est question que de la *sortie* d'Égypte – Yhwh m'a fait sortir (verbe *yāṣā'*) de chez les Égyptiens (*miṣrāyim*) –, alors que dans les textes prophétiques, il s'agit de la *montée* d'Égypte avec le verbe *'ālāh*. La sortie suppose de s'extraire d'une situation délicate par la fuite, la montée évoque dans les textes mêmes soit l'invasion guerrière, soit, plus simplement, la migration de populations. Par exemple, en Jérémie 23, il est question de la montée ancienne d'Égypte et, pour Juda et Israël, de faire monter et rentrer (verbe *bô'*) la race (littéralement « semence », *zera'*) d'Israël, dispersée au nord et ailleurs, sur son sol. Les livres d'Osée et d'Amos évoquant le motif et pouvant remonter à la fin du VIIIe siècle av. J.-C., il est possible d'en déduire que le mythe exodique est d'abord celui d'une migration et non celui d'une fuite avec l'armée égyptienne poursuivant les fuyards.

Le livre d'Osée donne une vision quelque peu contradictoire d'un moment « historique » d'Israël : « Jacob s'enfuit aux campagnes d'Aram, Israël servit pour une femme, pour une femme, il garda les troupeaux. Mais par un prophète, Yahvé fit monter Israël d'Égypte, et par un prophète il fut gardé » (Osée 12,13-14). Non seulement est décelable la tradition qui servit à élaborer l'histoire de Jacob de la Genèse mais l'hésitation entre un Israël en Aram et un Israël en Égypte est perceptible. Allusif et poétique, le texte joue sur le verbe *šamar* (garder), une fois à l'actif, une fois au passif, l'actif étant moins positif que le passif car la rencontre avec la divinité et son prophète est plus cruciale que celle d'une femme et de ses troupeaux. Ainsi, dans ce bref texte, Israël semble avoir été un peuple mouvant, divisé un temps en deux parties. En outre, le prophète n'est pas nommé, il ne s'agit pas encore de Moïse.

Dans le livre contemporain d'Amos, une telle distinction entre deux « Israël » n'existe pas. Pourtant, la mention de quarante ans dans le désert est déjà présente, mais les occupants de la terre promise ne sont pas les Cananéens, il s'agit de l'Amorrite, peuple grand comme des cèdres et fort comme des chênes (Amos 2,9-10). Un peu plus loin, le texte n'évoque qu'un *clan* qui serait monté d'Égypte. Souvent traduit par « famille », au sens de la famille étendue, le terme *mišpāḥāh* décrit le lignage au stade inférieur de la tribu (*šēbèt*), comme l'énonce clairement un passage du Deutéronome (29,17). Ainsi le texte réduit-il considérablement la portée de cette migration : « Écoutez cette parole que Yahvé prononce contre vous, enfants d'Israël, contre toute la famille [le clan] que j'ai fait monter du pays d'Égypte : Je n'ai connu que vous de toutes les familles [les clans] de la terre... » (Amos 3,1-2). Il semble dire que seul ce clan israélite porta avec lui le dieu qui le fit migrer. Ailleurs, cette migration n'est pas particulièrement exceptionnelle puisqu'elle s'apparente à la migration des Philistins de Kaphtor et des Araméens venus de Qir, les Israélites étant assimilés à des Kushites, c'est-à-dire des Nubiens, soit des sous-Égyptiens (9,7). Or, à la différence d'Osée, Amos était un prophète du Sud, donc de Juda, et avait la liberté d'énoncer quelque critique sur les origines du voisin israélite du Nord.

Dans le livre de Michée, datant seulement partiellement du VIIIe siècle, la montée d'Égypte est mentionnée, mais il s'agit visiblement d'une interpolation de copiste car elle l'est en fonction de Moïse et d'Aaron, alors que les deux noms n'apparaissent pas dans les livres prophétiques anciens.[26] On peut donc ainsi en déduire quelques éléments instructifs : 1) Moïse n'est pas un personnage issu de la tradition exodique, il est une création ; 2) l'origine exodique d'un peuple israélite ne concerne qu'une part de la population et est indissociable du dieu Yhwh ; 3) le mythe exodique a pu être progressivement intégré dans les traditions israélites et surtout judéennes sans en être au départ l'un des fondements.

La théorie des deux yahwismes

Après une thèse sur la campagne du roi assyrien Sennachérib, Francolino Gonçalves travailla en profondeur les textes prophétiques, parvenant à la conclusion que les livres prophétiques de la Bible n'avaient pas été initiés par cette catégorie de messagers divins (Gonçalves 2001). Les « prophètes » du VIIIe siècle av. J.-C. semblaient spontanés et agissant seul, n'appartenant donc pas à la « confrérie » des $n^e\underline{b}î'îm$. Ceux-ci sont en effet désignés parfois dans les livres des Rois par l'expression $b^en\bar{e}\ han^e\underline{b}î'îm$, non pas « fils de prophètes » mais « groupe de prophètes », le terme *bén* au pluriel pouvant désigner aussi une tribu,[27] et ils apparaissent ainsi dans nombre de textes, faisant sonner leurs instruments de musique et entrant en transe (1 Samuel 10).[28] Les « prophètes » Isaïe et Amos appartenaient à la catégorie des hommes ayant eu des visions ($ḥāzôn$), auxquels il convient d'ajouter une autre sorte de voyant ($rō'èh$),[29] tandis qu'Osée et Michée ont reçu des paroles divines. Les « prophètes écrivains » semblent être les concurrents de la confrérie des prophètes, souvent attachés à d'autres divinités que Yhwh, puisque la reine Jézabel, d'origine phénicienne et protectrice des prophètes de Baal, fit auparavant massacrer les *prophètes* de Yhwh (1 Rois 18). Selon Francolino Gonçalves, une évolution se fit en deux temps : 1) les « prophètes écrivains » vilipendent la catégorie des prophètes ($n^e\underline{b}î'îm$) ; 2) l'idéologie

---

[26] À la différence d'Osée et d'Amos, le livre de Michée est beaucoup plus composite (Römer *et al.* 2004 : 427-433).
[27] Amos est appelé « voyant » ($ḥōzèh$) mais quand on l'accuse de prophétiser, il répond : « Je ne suis pas prophète ($n\bar{a}\underline{b}î'$), je ne suis pas frère prophète [affilié à un groupe de prophètes] ($bèn$-$n\bar{a}\underline{b}î'$) » (Amos 7,14).
[28] « Le prophète est fou, l'inspiré délire [l'homme recevant l'esprit divin] ('*ĕwîl hanābî' mešuggā' 'îš hārûaḥ*) » (Osée 9,7).
[29] En 1 Samuel 9,9, un scribe est intervenu dans le texte pour expliquer qu'autrefois on appelait le prophète ainsi. Cette glose indique deux choses : 1) la relecture d'un texte originel faisant intervenir un *voyant* anonyme pour imposer la figure du *prophète* Samuel ; 2) qu'à l'époque de cette relecture, le terme $n\bar{a}\underline{b}î'$ avait pris un sens plus général – c'est d'ailleurs dans la strate rédactionnelle ancienne de ce récit que se trouve la description des groupes de prophètes entrant en transe au son de la harpe, du tambourin, de la flûte et de la cithare (1 Samuel 10,5).

deutéronomiste fait de cette catégorie un groupe général et imprécis d'intermédiaires avec Yhwh, désormais tous vus sous un jour positif. Il est possible que le *nābî'* de la tradition hébraïque soit comparable au *muhhû* extatique des textes de Mari du XVIIIe siècle av. J.-C., et que les « prophètes » bibliques correspondent à l'*âpilu* (littéralement le « répondant »), mais rien ne permet de les distinguer absolument, même si, comme le précise Dominique Charpin (2001 : 693), « généralement, les discours des *âpilu* sont plus longs et surtout plus élaborés que ceux des *muhhû* ». De manière générale, « la plupart n'appartenaient à aucune des classes attitrées », la catégorie de prophète utilisée ultérieurement par l'idéologie exodique ou deutéronomique « neutralisait les prophètes présents et futurs, (...) en faisant de Moïse le maître dont les prophètes sont les répétiteurs, (...) [mettant ainsi] le prophétisme au service de la Loi » (Gonçalves 2002 : 160-161).

La distinction importante que Francolino Gonçalves opéra ultérieurement ne fut pas entre ces catégories de prophètes, mais entre les prophètes bibliques eux-mêmes, selon qu'ils aient été israélites ou de Juda. D'après lui, deux conceptions du yahwisme émanent de ces textes prophétiques anciens, principalement d'Osée et d'Amos, les deux exemples paradigmatiques. Si le second fait état d'une conception classique du droit concernant les injustices de son temps (un droit naturel et universel, qui concerne tous les peuples jugés de la même manière, Israélites, Judahites et autres), le premier se fonde sur des lois positives que seul Yhwh aurait données au seul Israël (Gonçalves 2010). De cette manière, le yahwisme d'Amos s'avère fondé sur la royauté, elle-même reposant sur l'idée de création, donc sur une mythologie faisant du dieu dominant un vainqueur du chaos, qu'il se nomme Yhwh, Baal à Ougarit ou Marduk à Babylone. Gonçalves écrit : « Il s'agit sans doute de la forme de la religion de Yahvé la plus ancienne ; elle est toujours restée la lame de fond de la religion de l'Ancien Testament. Elle avait pour cheville ouvrière la royauté, qui a été le cœur des institutions d'Israël et de Juda, et n'a jamais disparu de l'horizon de l'Ancien Testament et de ses héritiers immédiats. La comparaison entre Amos et Osée montre que, de leur temps, le yahwisme fondé sur la création était majoritaire – en fait, il était la religion officielle – en Israël. Il était le seul connu en Juda du temps d'Isaïe » (Gonçalves 2010 : 612-613).

Donc le yahwisme n'avait pas à l'origine de réelle spécificité en Israël et en Juda, une spécificité serait d'abord apparue au nord, dont le livre d'Osée serait le principal témoin, pour se diffuser ensuite au sud dans, notamment, le livre de Jérémie (Gonçalves 2010 : 613-620). Le fait que les textes bibliques entremêlent les deux conceptions induit en erreur en faisant penser que création et autochtonie (Genèse), textes sapientiaux (Proverbes) ou louant la royauté (Psaumes) pouvaient cohabiter sans qu'il y ait contradiction avec des lois positives et une conception allochtone des origines (Exode et Deutéronome). Or, non seulement il ne peut y avoir idéologiquement deux origines, mais la royauté est bien souvent contestée dans nombre de textes bibliques. Le petit livre d'Osée condense et annonce en quelque sorte tout le programme idéologique que les exégètes appellent la « pensée deutéronomiste » : une dénonciation de crimes correspondant à un proto-décalogue, crimes commis par les « habitants du pays », expression préfigurant l'utilisation systématique du terme « Cananéens » pour désigner les idolâtres, mais qui pourrait avoir désigné alors des « baalistes » ou des yahwistes majoritaires ne partageant pas la conception d'Osée (Gonçalves 2010 : 617). Plus loin, Francolino Gonçalves écrit : « Os 4:1 [condamnation des « habitants du pays »] et 12:8-9 [condamnation d'Éphraïm, habitant le pays et qui a des balances faussées] témoignent de la même opposition entre les deux conceptions d'Israël qui s'exprime dans les deux légendes des origines, l'une indigène et l'autre allogène, ayant pour héros respectivement Jacob et un prophète (Moïse) (Os 12) » (Gonçalves 2010 : 618).

Dans une série de conférences à l'École pratique des Hautes études peu auparavant, il avait clairement énoncé l'évolution et la structuration du yahwisme selon lui : 1) un yahwisme intemporel fondé sur le mythe d'un dieu ordonnateur du chaos ; 2) un yahwisme historique fondé sur la légende d'un dieu guide d'un peuple ; 3) la fusion des deux yahwismes dans la grande histoire d'Israël, de la création en Genèse à l'exode dans les livres suivants (Gonçalves 2008).[30] Cette synthèse permet de comprendre comment deux idéologies s'excluant l'une l'autre ont fini par être entremêlées, les prêtres de Jérusalem opérant la synthèse finale avec, d'un côté, la transition par le désert et donc le mouvement, de l'autre, les lois cultuelles pour un sanctuaire supposé portatif mais qui ne bouge plus. Or, le yahwisme comme conception religieuse spécifique relève de la forme « historique », et non de la forme mythologique, c'est celle qui relève du mythe allochtonique. Pour en revenir à Jan Assmann et à ses réflexions sur le monothéisme biblique, il a développé l'idée d'un monothéisme de vérité et d'un monothéisme de fidélité, le premier pouvant s'avérer comme celui générant une potentielle violence par le biais de l'intolérance religieuse. Mais c'est en fait le second, comme il l'a reconnu lui-même (Assmann 2014), qui pose problème, car il porte en lui la notion d'exclusivisme. C'est justement cet aspect que Francolino Gonçalves a souligné pour décrire le yahwisme prôné par le prophète Osée. La relation dissymétrique entre le dieu et son peuple – et non son roi –, qui s'exprime en termes matrimoniaux et filiaux, est à l'origine de cet exclusivisme (Gonçalves 2008 : 120).

Le yahwisme de la création devrait être rangé parmi les conceptions polythéistes ouest-sémitiques, la conception religieuse monolâtrique devant être réservée au seul yahwisme porteur d'un récit d'apparence historique. En effet, un culte exclusif ne semble pas avoir caractérisé les Judéens d'Éléphantine en Haute-Égypte, au Ve siècle

---
[30] Voir le développement récent de la théorie proposé par Bernhard Lang (2017a), développement qui prolonge d'ailleurs sa propre hypothèse d'un mouvement « Yhwh-seul » à partir du livre d'Osée (Lang 1983).

av. J.-C. Leur temple était celui de Yahô mais aussi de sa parèdre Anath, le couple Anath-Yahô figurant dans la documentation araméenne de même que, trois siècles plus tôt, le couple Ashtar-Kamosh sur la stèle du roi moabite Mésha (Römer 2016a). La différence doit être faite entre un polythéisme à tendance hénothéiste, c'est-à-dire un grand dieu associé à d'autres entités divines subalternes, et une monolâtrie excluant toute entité concurrente.

L'importance de la synthèse de Gonçalves réside dans le fait qu'il n'était pas prisonnier d'une conception univoque du yahwisme. Sans doute faut-il en effet séparer le yahwisme de Genèse 1 de celui d'Exode 3 : le dieu créateur, ordonnateur du chaos, du dieu du désert, « apparaissant » dans le buisson ardent. L'« obsession » monothéiste de la culture occidentale d'origine « gréco-chrétienne », qui donna à penser que ce concept participa à la marche vers la rationalisation (le « désenchantement du monde » de Max Weber) aveugle au point de ne pas voir que la spécificité du monothéisme biblique ne tient pas à l'aspect créateur du dieu, mais bien plutôt au côté radical de sa personnalité.

Origine du yahwisme : hypothèses

Datant du IVe siècle av. J.-C., un papyrus égyptien contenant trois psaumes israélites beaucoup plus anciens (avant 722 et la fin du royaume d'Israël), transcrits en démotique, évoquent Yahô en tant que divinité supérieure dans une conception hénothéiste. Dans l'un d'entre eux, il est assimilé à un taureau (Van der Toorn 2017 : 166-168). Or, dans le long texte sur les tribus d'Israël qu'est Deutéronome 33, on retrouve cette assimilation : Joseph est le premier-né du taureau et la faveur divine lui vient de celui qui réside dans le buisson (v. 16-17). Dans ces deux textes, il n'existe aucune incompatibilité entre une métaphore zoomorphe et l'évanescence du dieu, Yhwh pouvant s'apparenter à un baal comparable au dieu Hadad d'Ougarit. Cependant, l'ensemble des textes bibliques, soit l'idéologie biblique qui les innerve, refuse violemment ce type d'assimilation : non seulement ce dieu ne doit pas être représenté, encore moins sous la forme d'un bovin. Habituellement, l'aniconisme yahwiste est considéré comme relevant de la conception monothéiste du dieu. Thomas Römer suppose l'existence de statues du dieu à partir de quelques textes mentionnant la « face de Yhwh » et rejette l'idée que l'aniconisme puisse avoir son origine dans le culte des bétyles (Römer 2017a : 187-211). À l'inverse, l'archéologue Juan Manuel Tebes ancre cet aspect dans la culture religieuse des semi-nomades du Néguev, dans le but d'établir que le yahwisme et ses caractéristiques se seraient étendus du sud vers le nord par diffusion à l'âge du Fer (Tebes 2015). Quant à Nissim Amzallag, il voit en Yhwh une divinité des métallurgistes de cette région avec des spécificités fortes et non compatibles avec la représentation classique des dieux (Amzallag 2015a). Conformément à la théorie des deux yahwismes de Gonçalves, il est clair que les deux positions peuvent se défendre. Cependant, pour le yahwisme exclusiviste, les approches d'Amzallag et de Tebes sont plus pertinentes. En effet, Römer représente une tendance raisonnable de l'histoire des religions, tendance selon laquelle il faudrait diluer la spécificité yahwiste dans le polythéisme ancien et ne la comprendre qu'au terme d'un processus évolutionniste classique : polythéisme → monolâtrie → monothéisme. Il est évident que cette approche était légitime quand les études bibliques étaient encore marquées par des présupposés théologiques. Désormais, il importe d'en revenir à la singularité d'un dieu et des conceptions qui lui étaient attachées.

Dans *L'invention de Dieu*, Römer souligne les origines sudistes du dieu Yahou (Römer 2017a : 37-70). Ces questions sont discutées dans un ouvrage collectif important, *The Origins of Yahwism* (Van Oorschot et Witte 2017), le débat y étant vif, mais la majorité des communications penche dans ce sens. D'abord, selon Josef Tropper, le nom complet de Dieu est *Yahwā*, et non *Yahwē*, et son étymologie reste obscure (Tropper 2017). Ensuite, l'absence de toponymes et de noms yahwistes en Palestine à la fin de l'âge du Bronze est l'indice avéré d'une origine exogène de cette divinité (Leuenberger 2017 : 163-165). Manfred Krebernik, de son côté, estime que le yahwisme est une conception religieuse qui n'émane visiblement pas de milieux culturels sédentaires (Krebernik 2017 : 48). Quant à Reinhard Müller, qui pense pourtant à une origine endogène de la divinité israélite, il observe que la tendance à la monolâtrie est déjà décelable dans les plus anciens Psaumes (Müller 2017 : 210). Juha Pakkala conclut dans le même volume : « *It would be difficult to explain, why the national God of Israel and Judah had originated in area of another nation, unless there was a strong tradition behind it* » et « *In the end, the southern hypothesis remains a possibility, but for understanding Yhwh as a divinity it does not contain much substance* » (Pakkala 2017 : 269-270). Ou, comme le souligne Mark Smith : comment est-on passé d'un dieu visiblement attesté à la fin de l'âge du Bronze chez des semi-nomades mentionnés dans des inscriptions égyptiennes à un dieu localisé bien plus au nord et vénéré dans les collines israélites à l'âge du Fer (Smith 2017 : 28-29) ? Ce problème difficile à régler ne peut faire l'économie d'une réflexion au sujet d'une possible migration. En outre, pour comprendre la spécificité du dieu biblique, il nous semble nécessaire d'en cerner la personnalité en fonction de son contexte d'origine et non en fonction d'un contexte politique produisant soudainement une idéologie deutéronomiste. Tout en véhiculant les conceptions évolutionnistes classiques, non vérifiées, au sujet du surgissement de cette spécificité divine et de cette idéologie aboutie, Pakkala s'interroge : « *it is probable that Israel's monarchic religion was essentially polytheistic in its conceptions, but with a tendency towards Yhwh-monolatry at least in Judah by the 7th century BCE. This provides the background for the later development towards the exclusive worship of Yhwh that developed after the destruction of Jerusalem in 587 BCE. The reasons for the concentration on one divinity are unclear but they may be connected to the provincial (...) location of Judah, its small size, and its relatively homogenous population* » (Pakkala 2017 : 273).

D'une part, la population de la Judée à l'époque perse n'était peut-être pas si homogène, d'autre part, et comme cet auteur le reconnaît quelque peu, la spécificité yahwiste se situait déjà en amont, ce qui explique sans doute en partie comment et pourquoi un dieu a concentré tant de « pouvoir ». Ceci reste toutefois difficile à envisager si l'exégète décide *a priori* de ne pas considérer le yahwisme sur le long terme et de lui refuser tout ancrage anthropologique distinct. Tebes a le mérite, au contraire, de souligner cet ancrage en montrant que l'aniconisme, le dieu-chasseur et/ou guerrier, le pèlerinage et le dieu de la métallurgie sont des aspects propres aux cultes du Néguev, du sud de la Transjordanie et du nord du Hedjaz (Tebes [à paraître]). Il propose de suivre le mouvement de diffusion à l'âge du Fer du sud vers le nord et non d'Israël vers Juda, forçant quelque peu les traditions bibliques.[31] Amzallag, de son côté, observe de manière plus monolithique, avec assez d'éléments probants, qu'un dieu obscur, lié à l'exploitation du cuivre, a été révéré à la place de la déesse égyptienne Hathor, et que ce dieu pourrait bien correspondre au dieu biblique si mystérieux et volcanique (Amzallag 2017). Son hypothèse irait dans le même sens, du sud vers le nord par diffusion. Le concept yahwiste en Judée a pu être influencé par un concept ancré parmi les populations semi-nomades du Néguev, voire plus au sud et/ou à l'est. Néanmoins, le yahwisme du royaume d'Israël est bien attesté sur la stèle moabite du roi Mésha de la fin du IXe siècle av. J.-C., et son canal de diffusion a pu être différent et lié à une migration. Les textes sur lesquels Amzallag s'appuie ne sont pas parmi les plus anciens et peuvent refléter une conception assez récente et judéenne de Yhwh, à la différence du chant de Déborah qui montre qu'il s'agit bien à l'origine d'un dieu de l'orage puisque les cieux se déversent, les nuages tombent en pluie et les montagnes ruissellent (Juges 5,4-5). Promouvant l'hypothèse d'Amzallag qui, selon lui, serait « le premier à avoir levé le voile sur l'identité originelle probable de ce dieu », Patrick Jean-Baptiste affirme à juste titre que « rares sont les auteurs à s'être demandé qui était vraiment Yahvé et pourquoi il s'était établi dans les hautes terres de Canaan autrement qu'en paraphrasant le récit biblique » (Jean-Baptiste 2015 : 120). En effet, il importe de ne pas prendre ce récit au pied de la lettre, mais nous n'avons guère d'autres sources que bibliques pour tenter de répondre à nos interrogations concernant cette implantation.

---

[31] Même s'il essaye de trouver un lien entre les livres anciens d'Amos et d'Osée avec les récits de la Genèse concernant Isaac et Ésaü, en se focalisant notamment sur Béer-sheva dans le Néguev comme possible point de contact entre Édomites et Israélites, l'ensemble de la démonstration nous semble artificiel et fragile lorsqu'il écrit que « *it was during the period of Israel's influence in the Negev during the late 9th to mid 8th centuries that the traditions about Isaac and Esau found their way into the historic patrimony of the northern monarchy and were then incorporated into the narratives of the northern Jacob* », Tebes 2017 : 187.

Le phénomène est complexe et il ne peut être expliqué de manière univoque, d'où l'intérêt d'une théorie des *deux* yahwismes. Il faut sans doute le voir comme un phénomène évolutif, progressant par paliers en fonction de contextes historiques précis, et, pour ce faire, il importe de ne pas rejeter les textes bibliques mais de mieux les exploiter en les hiérarchisant d'un point de vue historique. Il s'agit en somme d'avoir une approche historique *et* anthropologique sur la longue durée, prenant en compte un *hinterland* du Proche-Orient ancien, peuplé d'hommes ayant eu peu recours à l'écriture, pour expliquer la singularité d'une conception religieuse tendant vers l'exclusivisme et qui s'est imposée en milieu urbain, étatique et scribal. En effet, si le dieu biblique a une origine étrangère et semi-nomade, il ne peut être compris dans le contexte polythéiste ouest-sémitique des cités, et s'il s'est imposé dans ce contexte, c'est peut-être en conservant et en durcissant certains de ses aspects originels.

Généalogie du yahwisme

Les comparaisons entre conceptions syro-babyloniennes et bibliques ne permettent pas de rendre compte de la spécificité religieuse du yahwisme. Le polythéisme d'Ougarit de la fin de l'âge du Bronze est un arrière-plan décalé et incomplet pour le monothéisme biblique. Le recours à cette documentation a fait oublier que : 1) la documentation écrite antique est fragmentaire et aléatoire – les tablettes d'argile résistant mieux que *papyri* et parchemins –, et donne une vision déformée de la réalité ; 2) cette documentation émane de cités antiques où l'écrit était particulièrement développé, laissant dans l'ombre des populations semi-nomades avares d'écrits. Or, le yahwisme primitif semble être l'émanation de telles populations, bien avant qu'il ne s'installât à Jérusalem. Il importe donc de tenter d'en faire la généalogie, au sens nietzschéen du terme, en s'appuyant sur les données bibliques et extrabibliques les plus anciennes. Aaron Tugendhaft (2017 : 101-124) a démontré que le cycle de Baal, rédigé par le scribe Ilimilku, n'est pas un simple récit mythologique transmis mais une version spécifique se comprenant dans le contexte politique et géopolitique de la cité d'Ougarit de la fin du XIIIe siècle. En cherchant la Bible dans la documentation d'Ougarit, sous la forme d'influences *et* de continuités (Tugendhaft 2017 : 13), le risque est de proposer des interprétations erronées pour l'une et pour l'autre en ne s'attachant pas assez aux singularités du dieu israélite *et* du dieu syrien. La comparaison avec le monde assyrien est pertinente lorsqu'il s'agit de comprendre le rôle politique du dieu Aššur dans l'entreprise de conquête des différents rois, mais elle s'avère insuffisante s'il s'agit seulement de considérer que l'alliance avec Yhwh a été pensée sur le modèle des traités de vassalité assyriens (Otto 1999). En effet, cette comparaison ne permet d'entrevoir que la forme finale et aboutie prise par le yahwisme, non ce qu'elle a pu être quelques siècles avant la fin des royaumes d'Israël et de Juda. Surtout, les traités assyriens n'établissent qu'une loyauté entre acteurs humains, le dieu Aššur n'étant invoqué que dans le cadre du serment religieux, comme garant de l'accord, alors que l'alliance des textes bibliques est celle d'un dieu avec son peuple : dans un cas, l'accord est ternaire, dans l'autre, il est binaire. Si l'on retient l'idée assurée d'un emprunt assyrien, même avec un esprit de subversion visant à transférer la loyauté d'un peuple envers un souverain étranger vers un souverain divin (Levinson 2010), qu'un dieu ait pu se passer d'un médiateur royal pour édicter ses lois avec une telle autorité reste surprenant. Comme l'écrit Dominique Charpin (2019 : 235) : « Ce thème de l'alliance entre Dieu et son peuple, développé dans la Bible, est un phénomène unique : nulle part ailleurs la relation entre une divinité et un peuple n'a été formulée de cette manière ». Le contexte d'une royauté déchue explique beaucoup, mais la conception du dieu par ses prophètes et ses prêtres, les lévites,[32] ne doit pas être minimisée. Or, si Charpin reconnaît que ce type d'alliance « peut être qualifié d'alliance matrimoniale, où apparaît la figure du Dieu "jaloux" », il reconduit toutefois l'approche classique parce qu'elle permet de s'appuyer sur des éléments historiques tangibles.

Comme le soulignent actuellement nombre de spécialistes, l'origine sudiste de Yhwh n'est guère contestable. D'une part, le récit exodique l'atteste, d'autre part et surtout, des textes plus obscurs et bien plus laconiques renforcent cette idée : Deutéronome 33, Juges 5, Habacuc 3 et Psaume 68.[33] Le premier de ces textes est une pièce ajoutée au Deutéronome mais qui devait lui préexister, que l'on peut dater du VIIIe siècle. Il en est de même avec le chapitre précédent (Dt 32). Le second de ces textes est sans doute plus ancien encore et peut être datable du Xe siècle. Les deux peuvent être considérés comme étant issus d'une tradition israélite, donc du royaume du Nord. Naturellement, leur insertion dans des ensembles littéraires nouveaux et plus larges suppose un travail d'édition ayant pu altérer quelque peu la version originale – la mention d'Édom en Juges 5 peut justement indiquer un ajout éditorial du VIIIe siècle. Quant aux deux derniers de ces textes, ils sont probablement un peu plus tardifs, Hab 3 étant en fait un psaume inséré dans le petit livre prophétique du VIIe-VIe siècle et Ps 68 faisant sans doute partie des pièces anciennes conservées dans le corpus postexilique des Psaumes.

---

[32] Pour ces officiants du culte difficiles à saisir, voir l'hypothèse de Lang 2017b.
[33] Pour l'analyse de ces textes, voir notamment Römer 2017a : 57-67.

« Yahvé, quand tu sortis de **Séïr**, quand tu t'avanças des campagnes **d'Édom**, la terre trembla, les cieux se déversèrent, les nuées fondirent en eau. Les montagnes ruisselèrent devant Yahvé, celui du **Sinaï**, devant Yahvé, le Dieu d'Israël » (Juges 5,4-5)	« Yahvé est venu du **Sinaï**. Pour eux, depuis **Séïr**, il s'est levé à l'horizon, il a resplendi depuis le mont **Parân**. Pour eux, il est venu depuis les rassemblements de **Cadès**, depuis son midi jusqu'aux pentes » (Deutéronome 33,2)	« Éloah vient de **Témân** et le Saint du mont **Parân**. Sa majesté voile les cieux, la terre est pleine de sa gloire » (Habacuc 3,3)	« Dieu, quand tu sortis à la face de ton peuple, quand tu foulas le désert, la terre trembla, les cieux mêmes fondirent en face de Dieu, le Dieu d'Israël » (Psaume 68,8-9)

Si la tradition exodique évoque le mont Sinaï (Exode) et l'Horeb (Deutéronome), le chant de Déborah (Jg 5) et la bénédiction des tribus (Dt 33) affirment que Yhwh réside à Séïr. Sans chercher absolument à trouver confirmation de cette localisation dans des inscriptions égyptiennes de la fin du IIe millénaire av. J.-C., mentionnant *Š-ʿ-r-r* et *Y-h-w* en lien avec d'énigmatiques semi-nomades (Shasou), toujours difficiles à interpréter précisément (Adrom et Müller 2017), il importe de souligner que tout converge vers cet horizon.[34] Henrik Pfeiffer (2017) estime que ces quatre textes procèdent les uns des autres, mais ils ne sont pas identiques bien qu'ils se ressemblent. Deutéronome 33, en effet, à la différence de Juges 5, ajoute que cette localisation se situe près du mont Parân, et la mention de Cadès se retrouve dans la tradition exodique comme étape importante. Si le psaume du livre prophétique d'Habacuc ne mentionne pas Séïr, en revanche, il signale aussi ce mont Parân en même temps que Témân. Or des inscriptions non officielles du VIIIe siècle av. J.-C., à Kuntillet 'Ajrud situé très au sud de Jérusalem, font de Yhwh le dieu de Samarie mais aussi de Témân, sans que ce soit problématique.[35] Le Psaume 68, quant à lui, est moins précis car il n'évoque aucun lieu sinon le Sinaï en général. Il a toutefois une spécificité : alors que Jg 5, Dt 33 et Hab 3 ne font qu'établir la provenance du dieu, Ps 68 précise que ce dieu vint en présence de *son peuple*, voire à sa tête, marchant dans le désert. Ainsi, il est possible de supposer que l'auteur de ce texte a en tête une tradition exodique quelconque par la mention du peuple ou que cette tradition est en construction, la venue d'un dieu étant en passe de devenir la migration d'un peuple. Sans doute le plus important à retenir des trois autres textes est qu'ils mentionnent la provenance d'un dieu de sa montagne sans que celui-ci accompagne ou fasse monter une population. Autrement dit, un chant ancien comme celui de Déborah n'évoque aucune tradition exodique pour faire de Yhwh le dieu guerrier d'Israël, à la différence donc du livre d'Osée plus tardif. Quant à la bénédiction des tribus, texte qui peut être contemporain d'Osée, il n'y est question que de la venue d'un dieu pour elles sans que ces tribus aient eu à migrer. Pourtant,

---

[34] Comme l'exprime un archéologue familier du dossier : « *However, it is clear that by the 14th century the name Yahu, either a geographical, tribal or deity name, was known in the southern arid margins of the Levant* », Tebes 2017 : 170.
[35] Voir la publication des fouilles par Meshel et Freud 2012.

pour la bénédiction de Joseph, il est question du dieu résidant dans le buisson (Dt 33,16). Autrement dit, ce n'est pas la provenance de Yhwh qui est contestable mais la migration d'un peuple. Dans le récit exodique, la venue du dieu est indissociable de la migration humaine, dans des textes plus anciens et moins élaborés, le dieu vient seul. Naturellement, il a forcément été importé par des résidents ou transporté par des migrants.

Ainsi, la première conception du yahwisme historique, pour reprendre la phraséologie de Francolino Gonçalves, n'aurait été que de signaler la venue d'un dieu de sa montagne. Ce premier lieu aurait été Séïr. Dans la tradition exodique, cette montagne devint l'Horeb (Deutéronome), puis le mont Sinaï. Mais avant que l'Horeb ne devienne la montagne de la rencontre entre Moïse et Yhwh après la fuite d'Égypte, ce lieu est apparu avant que la tradition exodique ne soit élaborée. En effet, le prophète Élie se rend à la montagne divine pour y recevoir l'oracle : « il marcha quarante jours et quarante nuits jusqu'à la montagne de Dieu, l'Horeb. Là, il entra dans la grotte et y resta pour la nuit. Voici que la parole de Yahvé lui fut adressée... » (1 Rois 19,8b-9). Dans cette conception du yahwisme, les hommes vont du Nord vers le Sud et non l'inverse par une migration. Ce n'est que dans une conception ultérieure du yahwisme historique que la montée d'une population d'Égypte, et non plus seulement d'un dieu d'Édom, sera peu à peu mise en avant dans deux livres prophétiques déjà largement évoqués :

| « Je suis Yahvé, ton Dieu, depuis le pays d'Égypte. Je te ferai encore habiter sous les tentes comme aux jours du Rendez-vous. (...) Mais par un prophète, Yahvé fit monter Israël d'Égypte, et par un prophète il fut gardé » (Osée 12,10.14) | « Écoutez cette parole que Yahvé prononce contre vous, enfants d'Israël, contre toute la famille que j'ai fait monter du pays d'Égypte (...). N'êtes-vous pas pour moi comme des Kushites, enfants d'Israël ? – oracle de Yahvé – N'ai-je pas fait monter Israël du pays d'Égypte, et les Philistins de Kaphtor et les Araméens de Qir ? » (Amos 3,1) |

Gonçalves commente ainsi ces deux textes : « Osée est partisan de ce yahwisme qu'il promeut de toutes ses forces. En revanche, Amos le rejette et le combat. Tout en reconnaissant que Yahvé a fait monter Israël d'Égypte, Amos n'y voit qu'une migration parmi d'autres, sans signification religieuse spéciale » (Gonçalves 2008 : 119). Là réside donc la différence entre un prophète du Sud, pour lequel Yahvé n'est pas le dieu d'un seul peuple (Isaïe, Nahum, Sophonie, etc.), et un prophète du Nord. Le motif de la venue de Yhwh avec son peuple afin de l'installer dans la région verdoyante des collines israélites a donc progressé et est devenue dominant puisqu'il parvint à être l'élément central du mythe d'origine de tout un peuple dans le Deutéronome et surtout dans l'Exode. Tentons de comprendre d'où provient ce motif mais aussi comment Yhwh devint le dieu dominant d'Israël et/puis de Juda.

CHAPITRE I : AUX ORIGINES DU YAHWISME

« Préhistoire » du yahwisme israélite

Nous sommes en présence de deux conceptions du yahwisme israélite légèrement distinctes. La première est la venue d'un dieu seul pour assurer la présence d'un peuple intertribal sur un territoire (chant de Déborah), la seconde est la montée d'un peuple avec son dieu pour la conquête de ce territoire. Cependant, une seule origine historique doit expliquer la présence d'un dieu étranger dans les collines israélites, divinité absente dans l'onomastique et la toponymie du Bronze moyen et récent en Canaan. Or, un dieu nouveau, quel qu'il soit, est forcément amené par une population, qui peut être relativement restreinte. Le prophète Osée, qui promeut le yahwisme historique, centre son discours sur la « tribu » principale d'Israël, Éphraïm, elle-même centrée sur la capitale, Samarie. L'Israël que le dieu a guidé – « quand Israël était jeune, je l'aimai, et d'Égypte j'appelai mon fils » (Osée 11,1) – n'était donc pas l'ensemble de l'entité mentionnée sur la stèle de Merenptah. Comme l'énonce Amos, il s'agissait d'un clan, et si l'on suit Osée, ce clan doit pouvoir être localisé en Éphraïm. Or, dans sa jeunesse, le peuple d'Éphraïm fut éduqué par Yhwh lui-même, il prenait soin de lui (Osée 11,3). C'est ainsi que le nom de Jacob réapparaît car, dans le même livre, il est souligné que Yhwh fit garder son peuple par un prophète au moment de la montée d'Égypte, avant que Jacob n'aille en Aram pour chercher une femme. Il ne se contentait donc pas de ce que le dieu avait donné : « Jacob s'enfuit aux campagnes d'Aram, Israël servit pour une femme, pour une femme il garda les troupeaux. Mais par un prophète, Yahvé fit monter Israël d'Égypte, et par un prophète il fut gardé. Éphraïm l'a offensé amèrement... » (Osée 12,13-14a). Il n'y aurait pas eu deux origines distinctes, mais deux moments distincts, la tension autochtone/allochtone qui transparaît dans les textes s'expliquant alors bien plus par la distinction entre un Israël autochtone et un yahwisme allochtone. Une équivalence existe donc entre Israël, Éphraïm et Jacob. En outre, ces passages d'Osée ne sont guère différents du « cantique de Moïse » en Deutéronome 32, texte plus abouti synthétisant les caractéristiques du yahwisme historique par un rappel de cet ordre :

> « Rappelle-toi les jours d'autrefois, considère les années, d'âge en âge. Interroge ton père, qu'il te l'apprenne ; tes anciens, qu'ils te le disent. Quand le Très Haut donna aux nations leur héritage, quand il répartit les fils d'homme, il fixa les limites des peuples suivant le nombre des fils de Dieu ; mais le lot de Yahvé, ce fut son peuple, **Jacob** fut sa part d'héritage. Au pays du désert, il le trouve, dans la solitude lugubre de la steppe. **Il l'entoure, il l'élève, il le garde** comme la prunelle de son œil. Tel un aigle qui veille sur son nid, plane au-dessus de ses petits, il déploie ses ailes et le prend, il le soutient sur son pennage. **Yahvé est seul pour le conduire** ; point de dieu étranger avec lui. Il lui fait chevaucher les hauteurs de la terre, il le nourrit des produits des montagnes, il lui fait

goûter le miel du rocher et l'huile de la pierre dure, le lait caillé des vaches et le lait des brebis avec la graisse des pâturages, les béliers, race du Bashân, et les boucs avec la graisse des grains du froment, et pour boisson le sang de la grappe qui fermente. Jacob a mangé, il s'est rassasié, Yeshurûn s'est engraissé et il a regimbé. Tu as engraissé, épaissi, élargi » (vv. 7-15a).

Le « peuple » dont il est question est semi-nomade et parvient en des terres plus riches. Donc le « premier » Jacob est un équivalent d'Éphraïm et il n'est synonyme d'Israël que par métonymie : il est le cœur d'Israël dans cette conception du yahwisme et c'est le sens qu'il a dans les textes prophétiques anciens (Osée, Amos, Isaïe, Michée). Sans doute son lien fraternel avec l'ancêtre fictif (Ésaü) des Édomites dans la Genèse découle-t-il de cette origine mais le nom même de Jacob n'est guère probant, tout comme le « Yeshurûn » de Dt 32 que l'on lit aussi en Isaïe 44,2 et qui est une dénomination allégorique : le « droit ». L'étiologie de Genèse 25,26 basée sur le talon (*'āqéb*) n'est pas vraiment confirmée par Osée 12,4a – « Dès le sein maternel, il supplanta [verbe *'āqab*, « talonner »] son frère [non nommé] », – et peut donc être seulement littéraire. On serait ainsi passé d'une étiologie assez vague se reposant sur la force d'un nouveau-né – Os 12,4b insiste sur la vigueur (*'ôn*) de Jacob – à une étiologie plus précise soulignant la ruse innée de ce dernier. L'étymologie, en s'appuyant sur d'autres langues sémitiques, peut être plus sûrement « Yhwh a protégé »,[36] conformément au motif narratif du yahwisme historique, ce qui ne ferait de ce nom qu'une dénomination allégorique parmi d'autres.[37]

Pour trouver une population plus concrète ayant pu apporter le dieu Yhwh dans les collines israélites, il existe une possibilité. En effet, il semble que l'entité Éphraïm ait compté parmi ses résidents des semi-nomades plus tard exécrés. Toujours dans le chant de Déborah, parmi les combattants du côté d'Éphraïm, il y avait les « racines » (*šŏršām*) d'Amaleq. La Bible de Jérusalem traduit Jg 5,14 par « les princes d'Éphraïm sont dans la vallée » mais dans la Traduction Œcuménique, on lit : « D'Éphraïm sont descendus ceux qui ont des racines en Amaleq ». Traduire ces textes conduit à tenter des interprétations quand le sens semble particulièrement incongru. Amaleq et les Amalécites sont tellement vilipendés dans les textes bibliques qu'il peut paraître impossible d'y lire une vision inverse. Mais en Juges 12,15, il est fait mention d'une montagne d'Amaleq en Éphraïm, confirmant donc le lien possible entre les deux. Précisons que les textes qui préconisent un effacement complet des Amalécites reposent sur Exode 17 et sont donc bien tardifs (Dt 25,17-19 ; 1 Samuel 15 et 30). Le récit autour de Balaam, prophète araméen attesté par une célèbre inscription du VIIIe

---

[36] *Theological Dictionary of the Old Testament* VI 1990 : 189-190.
[37] Le nom est assez commun, car c'était celui d'un des rois hyksôs : Yaqoub-Har, ou Yaqoub-Baal (Grimal 2014 : 248).

siècle[38], et surtout ses oracles fictifs dans le livre des Nombres font état d'une mention surprenante dans ce livre tardif : « Balaam vit Amaleq, il prononça son poème. Il dit : "Amaleq : prémices des nations ! Mais sa postérité périra pour toujours" » (24,20). Que signifie en effet l'expression *ré'šît gôyim*, « *première* des nations », sinon reconnaître tout de même l'importance et l'ancienneté des Amalécites ? La raison du récit interpolé d'Exode 17 – Amaleq barrant la route au peuple fuyant l'Égypte – s'explique mal et, même si d'autres récits insistent sur les razzias menées par ces semi-nomades,[39] pourquoi faudrait-il les effacer jusqu'à leur nom à la différence des populations qui leur sont apparentées comme les Madianites et les Qénites ? Peut-être devinrent-ils gênants pour une mémoire collective qui conservait le fait qu'ils avaient joué un rôle primordial dans la montée de Yhwh en Éphraïm – un clan amalécite ayant pu migrer à haute époque vers le nord pour échapper à la mainmise égyptienne sur les mines de cuivre du nord-Sinaï.

L'« hypothèse amalécite » que nous proposons ne se veut pas aussi affirmative que l'hypothèse qénite ou madiano-qénite, qui suppose un lien entre les Madianites de l'Exode et les « descendants » de Caïn, les Qénites étant décrits sous un jour favorable dans quelques textes bibliques.[40] Elle ne s'y oppose pas, puisque Qénites et Amalécites pouvaient être des populations yahwistes. Dans les livres des Rois, lorsque Jéhu, qui se fait le champion de Yhwh afin de légitimer sa prise de pouvoir,[41] massacre les « impies » du royaume d'Israël, il se fait accompagner par le chef du clan des Rékabites (2 Rois 10). Non seulement ce personnage a valeur de témoin de référence, comme si le dieu des Rékabites était sans conteste possible Yhwh, mais ces derniers se trouvent rattachés aux Qénites d'après 1 Chroniques 2,55. Or, la nouveauté de notre apport concernant les Amalécites est leur ancrage vraisemblable en Éphraïm, où la présence de Yhwh est attestée sur le site de Silo. À la différence de l'hypothèse madiano-qénite, notre suggestion n'est pas étayée par l'Exode, mais par des mentions éparses plus anciennes et propose une implantation yahwiste en Israël dès le début de l'âge du Fer plutôt qu'une imprégnation lente en Juda vers la fin de cette période ou à l'époque perse.[42] S'il est vrai que la « présence » édomite et, plus largement, les clichés concernant les modes de vie

---

[38] L'inscription jordanienne de Deir 'Alla, vraisemblablement copiée à partir d'un rouleau de parchemin confirmerait la pratique de collecter des oracles prophétiques sur ce type de support et, donc, « *disproves an unjustified skepticism about whether a prophetic book like that of Amos could have been written down in the eighth century BCE* » (Richelle 2018 : 37).

[39] Les pillards d'Amaleq en 1 Samuel 30 pourraient être qualifiés avec une pointe d'humour comme les oppresseurs anachroniques de Madian en Juges 6-8 qui « ont tout l'air de chameliers arabes de l'armée du dernier roi babylonien Nabonide » (Jean-Baptiste 2015 : 88).

[40] Pour un rappel succinct de cette théorie, voir Römer 2017a : 90-91.

[41] Ce roi porte en fait le nom de son dieu : Yhw. Dans les inscriptions assyriennes de Salmanasar III de 841, il est dit que *Ya'u'a*, fils (?) de *Humrî* (Omri), paya tribut (Briend et Seux 1977 : 89).

[42] Si Römer reste quelque peu tributaire des fondements mêmes de l'hypothèse madiano-qénite en accordant du crédit aux récits entremêlés de l'Exode, d'autres chercheurs, tels Tebes et Amzallag, s'emploient à ne plus la faire dépendre du récit exodique mais d'éléments archéologiques et épigraphiques édomites de la fin de l'âge du Fer et de la période perse. Voir notamment dans ce sens Na'aman 2016b.

Archéologie de la Bible hébraïque

Carte de la diffusion du yahwisme dans la région des collines (M. Ben Jeddou, C. Dauphin)

semi-nomades sont bien visibles à ces époques dans des livres comme la Genèse, il ne faut pas pour autant négliger la diffusion du yahwisme d'Israël en Juda. La culture plus hétérogène de la Judée d'époque perse a seulement rendu possible l'insistance sur ces lieux communs.[43] Il n'est donc pas interdit de concevoir avec Patrick Jean-Baptiste un « mythe des Hébreux nomades » : « Les Israélites ont toujours été des paysans parfois contraints de migrer. L'archéologie les identifie à l'architecture de leurs maisons, dites "à piliers". En vérité, ils n'ont jamais pratiqué le nomadisme qui est une culture bien spécifique » (Jean-Baptiste 2015 : 69). Cependant, il n'est pas plausible de considérer avec lui que ce mythe a été « inventé de toutes pièces à l'époque du retour de l'Exil » (Jean-Baptiste 2015 : 69-70) car l'élément semi-nomade se trouve en amont de cette époque, prenant une importance, certes toute relative encore, dans l'idéologie yahwiste avec le motif de la montée d'Égypte mentionnée dans les livres d'Osée et d'Amos.

L'implantation de Yhwh à Silo est attestée dans le fameux récit de l'Arche contenu en 1 Samuel et au sujet duquel les exégètes s'évertuent encore à lui trouver une signification et une finalité.[44] En ce qui concerne la présence de Yhwh dans les collines d'Éphraïm, à quelques trente-quarante kilomètres au nord de Jérusalem, le site de Silo a été détruit[45] et abandonné dans la seconde moitié du XIe siècle[46], mais est resté ancré dans la mémoire collective comme étant la « tente » (ʾōhèl) de Yhwh (Ps 78,60), le prophète Jérémie ou l'un des scribes prolongeant le rouleau rappelant sa destruction comme étant le fait de la volonté du dieu, à l'instar donc de Jérusalem au début du VIe siècle (Jr 7 et 26). En 1 Samuel 1, est décrite une famille se rendant dans ce sanctuaire afin d'y faire des vœux,[47] puis le dieu est sorti à l'extérieur au dehors dans son « arche », c'est-à-dire son coffre, afin d'aider les Israélites à livrer bataille contre les Philistins (1 Samuel 4). Selon notre hypothèse (Lemardelé 2012b ; 2016b : 57-97), le roi Saül reprit Yhwh à ces mêmes Philistins puisqu'il les battit avec le coffre en sa possession dans la version hébraïque du récit (1 Samuel 14,18-20). Même en ayant eu son sanctuaire détruit, le dieu du Sud était à même de mieux s'implanter s'il était promu par un roi créant son espace politique dans les collines israélites à partir, précisément, du territoire d'Éphraïm, s'adjugeant celui de Benjamin (Gibea) dans un premier temps mais

---

[43] Pour cette culture hétérogène d'époque perse, voir Amzallag 2015b.
[44] Malgré des difficultés d'ordre textuel : en 1 Samuel 7,1, la version grecque dit que l'arche divine fut montée « sur la colline », supposée être à Kiryath Yearim, tandis que la version hébraïque dit qu'elle fut emportée « à Gibea », selon la traduction littérale. Suivre la Septante n'est guère rigoureux car la préposition hébraïque be ne peut pas être traduite par « sur » mais par « à » ou « dans ». Le passage étant narrativement complexe, la solution de la facilité est toutefois choisie par les tenants d'une « histoire de l'Arche » autonome. Voir Lemardelé 2019a.
[45] Si le coffre de Yhwh a eu une matérialité, il a pu disparaître à ce moment-là, sa réapparition avec Saül n'étant que littéraire et légendaire. Aussi, chercher l'arche en fouillant sur le site même de Kiriath Yearim (Finkelstein et al. 2018 : 60), puisque 1 Samuel 7,2 dit qu'elle y resta vingt ans, paraît bien aventureux.
[46] Finkelstein 2013 : 48-54.
[47] Juges 21 mentionne aussi une fête de Yhwh célébrée chaque année à Silo (v. 17). Ces éléments – la tente, le pèlerinage – iraient dans le sens d'un culte typique des populations du Sud tel que Juan Manuel Tebes le circonscrit : « *The open character of the rural cultic structures (...) – standing stones, open courtyard shrines, cairns, high-places, and rock-shelter spaces – encouraged their periodic visiting and use for rituals such as sacrifices and feasts* », Tebes [à paraître].

s'efforçant d'étendre son influence vers le nord jusqu'à Beth Shéan.[48] L'existence historique du premier roi d'Israël Saül pose problème. En revanche, les rois suivants et historiquement attestés ont bien promu ce dieu. Le document qui le prouve n'est pas biblique puisqu'il s'agit de l'inscription monumentale du roi moabite Mésha qui, à la fin du IXe siècle, confirme que le dieu principal du royaume d'Omri et d'Achab, donc avant Jéhu, était bien Yhwh, même s'ils sont accusés d'être responsables de la « baalisation » du dieu national dans les livres des Rois.

Mythe	Histoire
Yhwh vient de Séïr donner la victoire aux Israélites et assurer la pérennité de leurs tribus (Xe-VIIIe siècles)	Début de l'âge du Fer (XIIe-XIe siècle), implantation de Yhwh dans les collines d'Éphraïm à Silo
Yhwh est le dieu de la *montée* d'Égypte d'un clan « éphraïmite » (VIIIe siècle)	Yhwh est le dieu principal des rois d'Israël, puis de Juda (IXe-VIIIe siècles)
Yhwh est le dieu de la *sortie* d'Égypte, de l'Exode et de la Conquête (VIe-IVe siècles)	Yhwh est le dieu exclusif du royaume de Juda (VIIe siècle)

Plusieurs indices convergent donc dans une même direction mais sans vraiment apporter d'éléments décisifs. Le chant de Déborah ne mentionne pas Silo, peut-être parce que le site avait déjà été détruit, et dans 1 Samuel il n'est pas écrit que Yhwh était dans un coffre qui aurait permis son transport depuis sa montagne désertique pour atteindre les collines aux belles pâtures,[49] par un clan amalécite devenu avec le temps dans la mémoire collective (qui conserva tout en les déformant des éléments historiques) « Jacob », puis Éphraïm et finalement Israël, épuré donc de l'élément amalécite et faisant d'Israël un « peuple nomade ». Ce type de déroulement s'appuie sur le récit final de l'Exode, donc sur le mythe allochtonique abouti. En effet, le récit exodique raconte finalement la venue d'un dieu étranger, dissimulée certes sous celle d'un peuple – l'accent mis sur le don de la terre promise à des hommes permet de légitimer sans l'énoncer l'installation d'un dieu –, et la conquête du pays reflète en quelque sorte la manière dont il veut imposer ses lois cultuelles et ses traits culturels de dieu de la steppe dans une terre de cités ouest-sémitiques.

L'histoire contée est celle d'un peuple allochtone pour un dieu autochtone alors qu'il s'agit précisément du contraire : *un dieu allochtone pour un peuple autochtone*. Évidemment, rien ne permet d'affirmer que ce dieu serait arrivé dans les collines israélites par l'est, c'est-à-dire remontant d'Édom en longeant la mer Morte et les plaines moabites pour traverser le Jourdain. À mesure que le motif de la sortie d'Égypte

---
[48] Pour cette reconstruction du premier royaume israélite, avec à sa tête un protagoniste devenu plus légendaire qu'historique, malgré plusieurs éléments qu'il importe de considérer sérieusement, voir Finkelstein 2013 : 69-102.
[49] Toutefois, en 1 Samuel comme en Juges 5, il s'agit bien d'un même dieu guerrier : « *The only thing that is clear is that the ark relates to Yhwh's mobile, dynamic, and martial characteristics and thus envisions him functioning as a warrior god who acts with his warriors* », Berlejung 2017 : 80.

s'est développé, le parcours du dieu conduisant son peuple s'est complexifié au point qu'il fallût en résumer les étapes (Nombres 33).

Le parcours parsemé d'épreuves et allant toujours plus loin vers le sud de la péninsule sinaïtique ressemble à un rite de passage, l'épreuve du désert étant la phase de marginalisation avant l'agrégation avec l'arrivée en terre promise par le passage d'une frontière naturelle. D'un dieu résidant à Séïr, puis à l'Horeb, pour finir par se révéler sur un énigmatique mont Sinaï – plus l'élément de base se développe, plus il perd en vraisemblance pour devenir pleinement mythique –, l'amplification du motif a vraisemblablement eu lieu à l'époque de l'Exil de l'élite de Jérusalem à Babylone, comme tous les spécialistes ou presque le soulignent, l'Exode correspondant bien à l'Exil. Ce qui renforce toutefois le fait que le mythe exodique s'est malgré tout fondé sur une part de réel historique est l'approche anthropologique s'attachant au caractère et à la nature du dieu en question. Le mythe n'a en effet pas pu provenir d'un seul contexte politique spécifique.

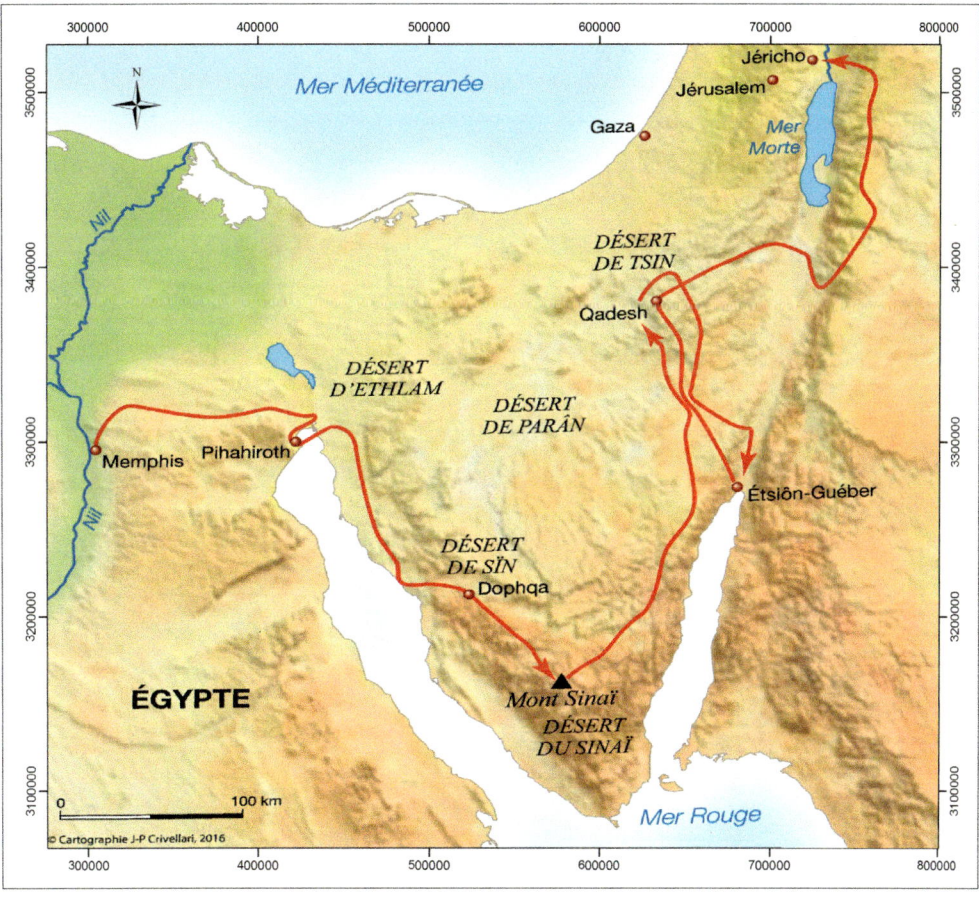

Carte de l'itinéraire de l'Exode selon le Pentateuque

Chapitre II : Anthropologie du monothéisme

Dans sa caractérisation du yahwisme historique, Francolino Gonçalves analysait ainsi le discours du prophète Osée : « Osée puise dans le monde de la famille les deux principales métaphores dont il se sert pour parler de Yahvé, d'Israël et de leurs relations. Il appelle explicitement Israël "fils de Yahvé" (Os 11,1), mais il le présente surtout sous les traits de son épouse. Yahvé est donc le père et l'époux d'Israël. Yahvé et Israël se définissent, ainsi, par leurs rapports mutuels ». L'étrangeté donc de la conception de ce dieu reposait sur l'idée qu'il puisse entretenir une relation soit matrimoniale, soit filiale avec ses « dévots », établissant un lien de fidélité permanent et contraignant avec eux. Il poursuivait ainsi sa réflexion : « En raison de l'asymétrie dans les relations qu'elles expriment, les métaphores père/fils et époux/épouse soulignent, l'une et l'autre, l'autorité et l'amour de Yahvé. Voilà le point de départ de l'exclusivisme yahviste » (Gonçalves 2008 : 120). Il montrait donc que la nature même du monothéisme biblique émanait de cette relation d'ordre familial particulièrement asymétrique. Afin de rendre compte de cette représentation religieuse introuvable ailleurs, il importe de chercher des éléments de réponse dans l'anthropologie de la parenté et de la famille, l'histoire des religions seule étant démunie en tant que discipline pour expliquer par le comparatisme une singularité de cet ordre condensable dans un aspect jaloux du dieu biblique. La figure du dieu colérique est banale,[50] mais la jalousie est un trait proprement humain. Les dieux étant issus d'une représentation humaine, ils ont bien entendu les défauts des hommes – les dieux mésopotamiens sont injustes et égoïstes, voire fourbes, les dieux grecs manipulateurs, opportunistes et libidineux –, mais leurs défauts ne dramatisent pas à ce point leur action, tandis que Yhwh ne se prête guère au récit mythologique pouvant receler quelques aspects comiques tant parfois il exprime de fureur.[51] À la différence des dieux des panthéons polythéistes, dans la configuration

---
[50] C'est pourquoi il n'est guère probant de prendre l'exemple spécifique du yahwisme comme s'il pouvait s'agir d'un cas d'école pour l'histoire des religions : Albert et Bonnet 2010.
[51] Nous sommes en accord avec l'assertion de l'helléniste Fritz Graf (cité et critiqué par Tugendhaft 2017 : 22) selon laquelle l'action du dieu biblique relève plus de l'histoire que du mythe, à condition de la réserver au seul yahwisme historique et non au yahwisme de la création.

du yahwisme historique, c'est un dieu qui entretient une relation privilégiée avec des hommes en particulier.

Dans le texte de Deutéronome 32, évoqué auparavant au sujet d'un « peuple » dénommé « Jacob » que Yhwh aurait élevé et protégé au désert, la suite de l'histoire raconte sans équivoque que le soin et l'attention de cette divinité dispensés à ceux qui lui sont chers comporte une contrepartie :

> « Il [Jacob] a repoussé le Dieu qui l'avait fait et déshonoré le Rocher son salut. Ils l'ont rendu **jaloux** avec des étrangers, ils l'ont irrité par des abominations. Ils sacrifiaient à des démons qui ne sont pas Dieu, à des dieux qu'ils ne connaissaient pas, à des nouveaux venus d'hier que leurs pères n'avaient pas redoutés. Tu oublies le Rocher qui t'a mis au monde, tu ne te souviens plus du Dieu qui t'a engendré ! Yahvé l'a vu, et dans sa colère il a rejeté ses fils et ses filles. Il a dit : Je vais leur cacher ma face et je verrai ce qu'il adviendra d'eux. Car c'est une génération pervertie, des fils sans fidélité. Ils m'ont rendu **jaloux** avec un néant de dieu, ils m'ont irrité par leurs êtres de rien ; eh bien ! moi, je les rendrai **jaloux** avec un néant de peuple, je les irriterai au moyen d'une nation stupide ! » (Dt 32,15b-21)

Deux aspects du yahwisme ne sont guère pris en compte, bien qu'ils fassent partie des aspects les mieux connus du dieu biblique : d'une part donc, il s'agit d'un dieu jaloux, d'autre part, son peuple est assimilé à une prostituée à cause de son infidélité d'épouse. Le premier est un aspect si familier que cet élément fondamental n'est jamais mis en doute, bien qu'il soit un élément du Décalogue : « car moi Yahvé, ton Dieu, je suis un Dieu jaloux » (Ex 20,5 ; Dt 5,9). Le second aspect est uniquement considéré comme une métaphore récurrente et lourde, dénuée d'intérêt. Pourtant, du point de vue de l'historien des religions, ces aspects incongrus exigent au contraire de se pencher dessus. Là réside, selon nous, la solution de l'énigme posée par le monothéisme biblique : pourquoi l'idée monothéiste devait-elle conduire à l'intolérance religieuse ? Le dualisme zoroastrien, presque aussi monothéiste avec le grand dieu Ahura Mazda, ne semble pas porteur d'une telle intolérance. Peut-être alors faudrait-il cesser d'incriminer la notion de monothéisme et, pour ce faire, mieux cerner encore les fondements du yahwisme historique.

Yhwh est-il jaloux ?

Dans le cadre d'un colloque portant en 2008 sur la jalousie des dieux et la jalousie des hommes, Bernhard Lang (2011) tenta d'accorder et d'expliquer des textes qui, tantôt, décrivaient un dieu jaloux, tantôt, un dieu exprimant la fureur du guerrier. À la suite de notre suggestion, selon laquelle les premiers (Osée 2, Ézéchiel 16) pouvaient correspondre au yahwisme historique tel que défini par Gonçalves et les seconds au yahwisme de la création (Isaïe 9 et 42), et que les deux avaient fusionné dans le Deutéronome et l'Exode, il en conclut dans les *Actes* du colloque : « L'idée de la jalousie divine est donc l'écho du courant théologique "du nord", alors que le dieu irascible appartient à l'idéologie guerrière "du sud" » (Lang 2011 : 170). Néanmoins, il pensait que « la traduction de l'expression *'ēl qannā'* par "dieu jaloux" est erronée » et qu'elle doit être « remplacée par "le dieu furieux" ou "le dieu irascible" », alors qu'il écrivait dans le même temps qu'il « ne faut pas confondre la jalousie du mari avec la fureur du guerrier, même si la première provoque la seconde » (Lang 2011 : 169). Comment alors traduire au plus juste le vocabulaire hébraïque et, de la fureur ou de la jalousie, laquelle des deux est première, même si elles semblent indissociables ?

À ce même colloque, David Hamidović (2011) rendit compte du zèle religieux d'hommes en Judée aux époques hellénistique et romaine. La *qin'āh* en hébreu peut ainsi se traduire indifféremment par « jalousie » ou par « zèle », les deux termes s'enracinant dans le verbe grec *zêloô*, « être jaloux, ardent », il se rapporte donc à une passion, à l'*hubris* qui saisit celui qui la subit ou l'active et peut ainsi se rapporter à la fureur du guerrier. Le personnage emblématique est Pinhas dans Nombres 25, puisque cet homme est pris de zèle pour Yhwh en voyant un Israélite dénommé Zimri avec une femme étrangère. Non seulement il les tue tous les deux mais Yhwh l'exonère de son crime en disant : « Pinhas a détourné mon courroux des Israélites parce qu'il a été, parmi eux, possédé de la même jalousie (*qin'āh*) que moi ». Cet aspect se retrouve dans la révolte des Maccabées dans les années 167-166 av. J.-C. avec la révolte du prêtre Mattathias : « Son zèle (*ézêlôsen*, litt : "il fut zélé") pour la Loi fut semblable à celui que Pinhas exerça contre Zimri » (1 Maccabées 2,26). Ainsi, si l'expression *'ēl qannā'* de l'Exode et du Deutéronome doit pouvoir se traduire par le « dieu furieux », comme le préconise Lang en conclusion de son article, elle peut aussi l'être par le « dieu zélé », puisque le « zèle » religieux de cette divinité justifiait, telle une *imitatio dei*, le zèle religieux de ses adeptes. Cependant, que le dieu se manifeste par sa fureur chez un guerrier ou par son zèle chez un adepte de ce dieu (Lang 2019), il importe de faire la distinction entre un individu possédé par son dieu et un groupe humain ayant une relation privilégiée avec cette divinité (Lemardelé 2019b).

Le livre prophétique judahite d'Isaïe, dont la première partie date de la fin du VIIIe siècle, relève du yahwisme de la création, mais sans ignorer totalement les conceptions du yahwisme historique. Or, « Isaïe » utilise une expression qui pourrait nous aider à entrer dans le champ sémantique du terme hébreu puisque l'expression *qin'at yhwh* est utilisée à deux reprises dans un sens positif : « L'amour jaloux de Yahvé Sabaot fera cela » (9,6 et 37,32). En Is 26,8, le texte est plus explicite encore : « Yahvé, ta main est levée et ils [les ennemis] ne voient pas ! Ils verront, pleins de confusion, ton amour jaloux pour ce peuple (*qin'at-'ām*), oui, le feu préparé pour tes ennemis les dévorera ». L'expression « amour jaloux » choisie par les traducteurs de la Bible de Jérusalem signale la notion de lien exclusif entre la divinité et son peuple mais elle pourrait être remplacée par le seul terme de « passion », dans son acception moderne d'amour intense, exclusif, sans que ce soit pleinement satisfaisant tant l'idée d'une divinité passionnée a de quoi surprendre. Thomas Römer (2016b) a tenté d'analyser cet « amour » divin dans le contexte des traités de vassalité tout en s'effrayant de la radicalité religieuse de cette conception dans les textes bibliques. Cependant, cet aspect est tellement important dans ces textes qu'il dépasse de loin la simple notion de vassalité. Que signifie en effet *aimer* (verbe *'āhéb*) son dieu (Dt 6,5) et recevoir l'*amour* (*'ahăbāh*) de celui-ci (Dt 7,8) dans un contexte proche-oriental à la religiosité peu ouverte encore au salut individuel ? Le Deutéronome, dans ces deux chapitres, laisse peu de doute à ce sujet tant cet amour est conditionné par le serment (*šᵉbû'āh*) ou l'alliance (*bᵉrît*) d'antan avec le peuple sauvé d'Égypte, et tant cet amour est autoritaire. Francolino Gonçalves comprenait ainsi l'évolution : « [les deutéronomistes] en sont mêmes venus à présenter Yahvé sous l'image du roi et ses rapports d'Israël en termes d'alliance, sur le modèle des traités entre rois de statut inégal » (Gonçalves 2008 : 120).

Les textes ou récits prophétiques qui font état de cette conception sont antérieurs au Deutéronome et ne sont pas des textes politico-juridiques, à la différence de traités assyriens. Un récit intermédiaire dans les deux livres des Rois – le « cycle d'Élie et d'Élisée » –, discontinu dans sa forme actuelle, pouvait constituer une œuvre autonome antérieurement (Nocquet 2004). Le prophète Élie se rend à la montagne de l'Horeb et passe la nuit dans une grotte afin d'y recevoir l'oracle divin ;[52] à cette occasion, le prophète déclare qu'il est « rempli d'un zèle jaloux (*qannō' qinné'tî*) pour Yahvé Sabaot » (1 Rois 19,10 et 14). La *qin'āh* de Yhwh doit être considérée comme étant l'élément singulier et irréductible du yahwisme, qui détermine l'action et les discours de ses prophètes, ce qui est éminemment problématique mais qui offre aussi la possibilité d'une solution. Le terme même n'étant pas attesté dans Osée, on peut donc considérer qu'il s'appliqua assez tardivement à la conception de la relation entre Yhwh et son peuple.[53] Mais cette conception de la relation à la divinité est au fondement du yahwisme historique.

---

[52] Contrairement à André Lemaire (2003 : 70), il est difficile de soutenir « qu'Élie met ses pieds dans les traces de Moïse » et qu'il fait « un pèlerinage » car d'une part, le récit manifeste au contraire une ignorance de la tradition exodique – Yhwh est à l'Horeb mais il dirige à distance –, d'autre part, le prophète ne va pas rendre un culte à son dieu. Ce récit est semble-t-il pré-deutéronomique et pré-exodique.
[53] Pour une étude étymologique rattachant *qn'* à *qyn*, et donc, au champ sémantique de la sidérurgie, voir Amzallag et Yona 2017.

Comme l'énonce Lemaire au sujet de la stèle de Mésha, la monolâtrie ou, de manière plus nuancée, le lien privilégié avec une divinité en particulier, semble être un point commun important entre Israélites et Moabites (Lemaire 2003 : 63). Deux aspects sont surtout à souligner : 1) chez les uns comme chez les autres, l'oppression par un roi étranger ne résulte pas de sa puissance ou de celle de son dieu mais de l'abandon par le dieu même du pays de ses habitants ; 2) pour s'assurer une victoire militaire, il était possible de vouer à son dieu, c'est-à-dire à l'interdit (ḥérèm), donc à la mort, la population d'une cité adverse. La stèle de Mésha est riche en informations de premier ordre, attestant notamment que la royauté israélite avait bien Yhwh comme dieu principal, sans toutefois révéler si Kamosh était aussi « jaloux » que Yhwh. Quel type de dieu pouvait être Kamosh ? Un dieu guerrier, sans aucun doute, mais était-il un dieu de l'orage ayant pour lui aussi une montagne ou s'accommodait-il comme Yhwh des caractéristiques du dieu ouest-sémitique Reshef, propagateur de fléaux comme la peste ?[54] Les caractéristiques du dieu Milkom des Ammonites ou du dieu Qôs du royaume édomite qui s'est établi à l'âge du Fer II sont encore moins connues. Il est seulement évident que ces populations avaient des dieux principaux distincts de ceux occupant les panthéons ouest-sémitiques et/ou mésopotamiens. Par exemple, à Mari au XVIIIe siècle av. J.-C., Zimri-Lim reçoit un message d'un prophète de Hadad (Baal) d'Alep lui « rappelant » que le nouveau roi lui doit tout. Même si ce message doit être compris en fonction de visées géopolitiques du royaume de Yamhad (Tugendhaft 2017 : 55-57), il reste que le roi de Mari inscrit son action politique dans un contexte religieux connu (Dagan et Enlil principalement) (Tugendhaft 2017 : 51), tout en étant issu de la tribu amorrite des Bensimalites. De même, le fameux roi de Babylone Hammourabi, lui-même amorrite, met son fameux code sous le haut patronage du dieu de la justice Shamash. Ni l'un ni l'autre n'ont gardé et mis en avant le dieu Amurru pourtant attesté et ayant même une assez grande popularité (sceaux paléo-babyloniens, onomastique) selon la documentation mésopotamienne (Ziegler 2001 : 40). Plus tardivement, en ce qui concerne les Moabites, les Édomites et les Israélites ayant laissé peu d'inscriptions monumentales, le comparatisme religieux ne peut être très concluant. C'est pourquoi la recherche ne peut que s'appuyer principalement sur les textes bibliques pour le yahwisme, à condition de faire le tri entre la documentation prophétique et hymnique ancienne et celle qui a reconstruit et reformulé les éléments idéologiques antérieurs. Pour mieux cerner la *qin'āh* du dieu, à la fois jalousie, zèle, colère et fureur, il est impératif de reprendre le constat formulé par Francolino Gonçalves : pourquoi le rapport entre Yhwh et son peuple est-

---

[54] « En règle générale, on les [les principaux dieux "nationaux"] compte parmi les "dieux de l'orage" du type Ba'al-Hadad, mais il faut probablement les considérer aussi dans la continuité du Ba'al-Seth du Fer I », Keel et Uehlinger 2001 : 142.

il à ce point asymétrique et pourquoi le discours prophétique accuse-t-il sans cesse rois et peuple d'être infidèles, au sens matrimonial du terme ?

Pourquoi la métaphore de la prostituée ?

Dans une thèse dirigée par Francolino Gonçalves, Łukasz Popko (2015) a comparé strictement le grec à l'hébreu dans le court passage de Jérémie 2,1-4,2 (la version hébraïque du livre, moins ancienne que la version grecque, révélant l'évolution de son contenu et de son organisation) et a observé que la métaphore filiale s'était muée de plus en plus en une métaphore matrimoniale, renforçant de ce fait la violence du rejet. Dès le début du livre d'Osée, le rapport est défavorable aux hommes puisque Yhwh ordonne immédiatement au prophète d'épouser une prostituée (*zōnāh*) étant donné que le pays lui-même se prostitue (verbe *zānāh*) en se détournant de lui – littéralement « derrière » (*'āḥār*) lui. La métaphore est utilisée consciemment en mettant en parallèle la fornication sexuelle avec de multiples partenaires et le culte rendu à de nombreux dieux. Dans cette métaphore, Yhwh a le rôle du mari droit et juste qui, initialement, ne se rend pas compte des tromperies de son épouse. Le recours à cette métaphore et au lexique formé à partir du morphème *znh* est très présent dans le livre d'Osée, ainsi que dans celui d'Ézéchiel – essentiellement les chapitres 16 et 23 – et, donc, dans les tout premiers chapitres réécrits de Jérémie. Isaïe l'utilise également mais une seule fois pour Jérusalem (Is 1,21) et, surtout, pour un oracle concernant la cité phénicienne de Tyr (Is 23). Quant à Amos, il n'y a pas recours, l'utilisant une fois, mais lors de sa dispute avec le prêtre de Béthel quand il l'insulte en lui disant que sa propre femme ira se prostituer en ville tandis que ses enfants tomberont sous l'épée des conquérants (Am 7). La conception « oséenne », qui consiste à considérer qu'Éphraïm s'est prostitué auprès d'autres dieux que Yhwh, souillant sexuellement (verbe *māné'*) tout Israël (Os 5,3 ; 6,10), se retrouve dans le Deutéronome et l'Exode, la prostitution devenant même générale, puisque tout peuple étranger sacrifiant à ses dieux se livrerait en fait à la prostitution (Ex 34,15).

Cette métaphore est donc clairement issue du yahwisme historique établissant une relation étroite entre un dieu et son peuple, bien que ce dernier change en fonction du contexte historique : d'abord Éphraïm/Israël, puis Jérusalem/Juda/Israël. Cette métaphore ne pourrait être que littéraire, mais elle est si redondante et si violente que le problème ne peut être évacué si facilement. Comme pour la jalousie de Yhwh, la prostitution de son peuple est un aspect inhabituel en histoire des religions anciennes. Indissociables, ces deux conceptions d'ordre métaphorique reposent forcément sur une réalité. Ce qui les relie et nous permet de mieux comprendre est la notion d'alliance (*bᵉrît*). Le livre d'Amos n'évoque qu'une alliance entre peuples dans un oracle concernant Tyr (1,9-10), tandis que le livre d'Osée énonce déjà l'alliance conclue du

Deutéronome et de l'Exode, ainsi que le leitmotiv de la transgression (verbe *'ābar*, passer, traverser) de l'alliance (Os 6,7 ; 8,1) qui figure également dans les passages dits « deutéronomistes » des livres « historiques » (de Josué aux Rois). Cependant, la conclusion de la nouvelle alliance, après les iniquités passées, entre Yhwh et son peuple en Osée est bien spécifique car elle ne suit pas le modèle du serment juridique et religieux entre un vassal et son seigneur, tel qu'il a été identifié dans le Deutéronome grâce à la documentation assyrienne. Elle a recours à la métaphore matrimoniale :

> « C'est pourquoi je vais la séduire [la prostituée, v. 4 : "Faites un procès à votre mère, faites-lui un procès, car elle n'est pas ma femme, et moi je ne suis pas son mari"], je la conduirai au désert et je parlerai à son cœur. Là, je lui rendrai ses vignobles, et je ferai du val d'Akor une porte d'espérance. Là, elle répondra comme aux jours de sa jeunesse, comme au jour où elle montait du pays d'Égypte. Il adviendra, en ce jour-là - oracle de Yahvé - que tu m'appelleras "**Mon mari**", et tu ne m'appelleras plus "Mon Baal". J'écarterai de sa bouche les noms des Baals, et ils ne seront plus mentionnés par leur nom. Je conclurai pour eux une **alliance**, en ce jour-là, avec les bêtes des champs, avec les oiseaux du ciel et les reptiles du sol ; l'arc, l'épée, la guerre, je les briserai et les bannirai du pays, et eux, je les ferai reposer en sécurité. Je te **fiancerai** à moi pour toujours ; je te fiancerai dans la justice et dans le droit, dans la tendresse et la miséricorde ; je te fiancerai à moi dans la **fidélité**, et tu connaîtras Yahvé. Il adviendra, en ce jour-là, que je répondrai - oracle de Yahvé - je répondrai aux cieux et eux répondront à la terre ; la terre répondra au froment, au vin nouveau et à l'huile fraîche ... » (Osée 2,16-24).

Ce texte est intéressant à plus d'un titre. D'abord, dans les passages précédents, la femme épousée par Osée lui a donné deux enfants : une fille nommée Lo-Ruhamah et un fils, Lo-Ammi. Les deux noms sont introduits par la négation *lō'* et le second peut se comprendre comme étant « tu n'es pas mon peuple » puisqu'à la fin de notre passage, une fois la nouvelle alliance conclue, Yhwh dira à Lo-Ammi, « Tu es mon peuple (*'ammî*) », et lui dira de Yhwh qu'il est *son* dieu (v. 25). Quant à la fille, on peut envisager une signification négative et misogyne en l'absence d'une traduction évidente et sûre. Il reste que dans le même verset final, elle sera aimée de Yhwh. Cette nouvelle alliance effaçant le passé de prostituée de l'épouse du prophète, qui est par transposition celle de Yhwh (la métaphore est filée, redoublée, insistante, démonstrative), est conclue dans le désert afin de rappeler et de réactiver l'alliance originelle lors de la *montée* d'Égypte. Cette alliance est matrimoniale mais n'est pas moins asymétrique que celle du vassal avec son suzerain car, même si le dieu dit par son prophète que sa femme l'appellera « mon mari », littéralement « mon homme » (*'îšî*), et non pas « mon seigneur », usuellement « mon seigneur/mon mari » (ba'lî), le verbe 'āraś à l'intensif signale des pratiques de mariage non égalitaire. En anthropologie, il s'agit du *bride price*, prix de la fiancée versé par le mari au père afin de prendre possession d'une femme. C'est pourquoi la traduction de la Bible de Jérusalem par « je te fiancerai à moi » est judicieuse, indiquant par là-même que la future épousée n'a guère le choix.

La métaphore matrimoniale peut prendre des élans poétiques et se montrer même érotique. En Ézéchiel 17, l'alliance rompue est bien associée au parjure d'un serment, mais, au chapitre précédent, l'alliance entre le dieu et son épouse (Jérusalem) est sur un autre mode de relation, plus étroit, plus personnel et même plus charnel. Elle finit toutefois par être rompue, « comme toujours », par l'infidélité de l'épouse alors assimilée à une prostituée :

> « À ta naissance, au jour où tu vins au monde, on ne te coupa pas le cordon, on ne te lava pas dans l'eau pour te nettoyer, on ne te frotta pas de sel, on ne t'enveloppa pas de langes. Nul n'a tourné vers toi un regard de pitié, pour te rendre un de ces devoirs par compassion pour toi. Tu fus jetée en pleine campagne, par dégoût de toi, au jour de ta naissance. Je passai près de toi et je te vis, te débattant dans ton sang. Je te dis, quand tu étais dans ton sang : "Vis !" et je te fis croître comme l'herbe des champs. Tu te développas, tu grandis et tu parvins à l'âge nubile. Tes seins s'affermirent, ta chevelure devint abondante ; mais tu étais toute nue. Alors je passai près de toi et je te vis. C'était ton temps, le temps des **amours**. J'étendis sur toi le pan de mon manteau et je couvris ta nudité ; je m'engageai par **serment**, je fis un pacte avec toi [littéralement « je suis entré dans une alliance avec toi »] - oracle du Seigneur Yahvé - et tu fus à moi. Je te baignai dans l'eau, je lavai le sang qui te couvrait, je t'oignis d'huile ; je te donnai des vêtements brodés, des chaussures de cuir fin, un bandeau de lin et un manteau de soie. Je te parai de bijoux, je mis des bracelets à tes poignets et un collier à ton cou. Je mis un anneau à ton nez, des boucles à tes oreilles, et sur ta tête un splendide diadème. Tu étais parée d'or et d'argent, vêtue de lin, de soie et de broderies. La fleur de farine, le miel et l'huile étaient ta nourriture. Tu devins de plus en plus belle et tu parvins à la **royauté**. Tu fus renommée parmi les nations pour ta beauté, car elle était parfaite, grâce à la splendeur dont je t'avais revêtue, oracle du Seigneur Yahvé. Mais tu t'es infatuée de ta beauté, tu as profité de ta renommée pour **te prostituer**, tu as prodigué tes débauches à tout venant. Tu as pris de tes vêtements pour t'en faire des hauts lieux [bāmôt] aux riches couleurs, et tu t'y es prostituée » (Ézéchiel 16,4-16).

Dans le contexte d'un yahwisme issu uniquement de conceptions religieuses et politiques d'un Proche-Orient ancien connu par la documentation écrite, il ne peut s'agir là que de littérature, l'alliance avec Yhwh ayant en outre forcément pris modèle sur les liens de vassalité entre chefs politiques de différentes entités plus ou moins grandes, plus ou moins indépendantes. Cependant, si l'on considère pour lui-même le yahwisme historique identifié par Francolino Gonçalves, il est nécessaire de prendre au sérieux une notion d'alliance qui pourrait se comprendre dans d'autres contextes socio-politiques. À la suite de Jacqueline Chabbi analysant l'Arabie préislamique avec un regard anthropologique empirique, il serait possible de suggérer que le monde tribal originel du désert, reposant sur des alliances de circonstance pour survivre, a donné sa forme à une conception religieuse : « Quelle que soit sa dénomination, le divin n'échappe pas à la fonctionnalité de l'alliance. (...) le divin demeure donc toujours le *walî*, au sens étymologique le "proche", et le protecteur de ceux qui se sont "ralliés à lui en confiance" (...). L'importance des occurrences de cette terminologie est frappante. Elle témoigne de la spécificité de l'engagement mutuel du divin et de l'humain, car l'alliance n'est jamais gratuite ; elle ne va pas sans contrepartie de part et d'autre » (Chabbi 2016 : 153). Le dieu biblique, faisant monter son peuple du désert pour le guider jusqu'à une terre verdoyante, pourrait être rapproché du second « pilier » de l'islam dans le sens de ce que souligne Chabbi : la guidance. Nous optons cependant pour le domaine de la parenté et de la famille des « mondes tribaux » afin d'expliquer pourquoi cette conception du yahwisme est fondée, certes, sur l'alliance avec un dieu mais aussi sur une relation asymétrique rapportée au lien filial vu sous un jour positif et, plus encore, rapportée à une liaison matrimoniale très négative.

Parenté et famille au Proche-Orient ancien

Les préjugés concernant la famille dans le monde proche-oriental ancien et actuel sont nombreux, la famille nucléaire, épurée, étant considérée comme le produit de la modernité. La tendance est encore de penser que cette aire culturelle aurait été patriarcale quasiment de tout temps, impliquant une famille étendue structurée par les fils et un statut des femmes très défavorable pour ces dernières. L'historien et anthropologue Emmanuel Todd a inversé la tendance dans sa grande synthèse *L'origine des systèmes familiaux* (Todd 2011). Développant un contre-modèle évolutionniste de la famille, au départ initié avec son collègue linguiste Laurent Sagart, habitué aux phénomènes de diffusion et le conduisant à s'intéresser au Principe de Conservation des Zones Périphériques (l'innovation se diffusant d'un centre vers la périphérie, les espaces périphériques étant par principe conservateurs),[55] il comprit dès lors comment la famille communautaire, donc étendue, avec un statut très bas pour les

---

[55] Sans utiliser le concept de PCZP, l'anthropologue Alain Testart constatait que les organisations politiques minimales, non étatiques ni même semi-étatiques, « ont une distribution géographique purement marginale » et, en fait, périphérique sur les cartes qu'il avait établies. Testart 2019.

femmes, avait pu s'inscrire dans de grandes zones centrales de l'immense espace eurasiatique (Sagart et Todd 1992). Observant que la famille nucléaire était en position de périphérie, notamment en Europe de l'Ouest, tandis que la famille souche avec droit d'aînesse était en position intermédiaire, il devenait logique de penser l'évolution des systèmes familiaux du simple vers le complexe : la famille nucléaire, simple, serait originelle et la famille communautaire, dans ses différentes formes culturelles (arabe, indienne, chinoise), le produit d'une innovation interne. Au modèle évolutionniste classique mais non vérifié, il faudrait donc lui opposer et lui substituer un modèle évolutionniste se fondant sur l'observation ethnographique décrivant des familles nucléaires à l'exogamie tempérée, le couple étant bilocal et la parenté pouvant être indifférenciée.[56] Ainsi, patrilocalité – les fils mariés résidant chez leur père – et patrilinéarité intangibles conduisant à l'établissement de lignages sont en fait l'aboutissement d'un processus socio-historique, non une donnée culturelle structurelle, le statut de la femme se trouvant progressivement dégradé :

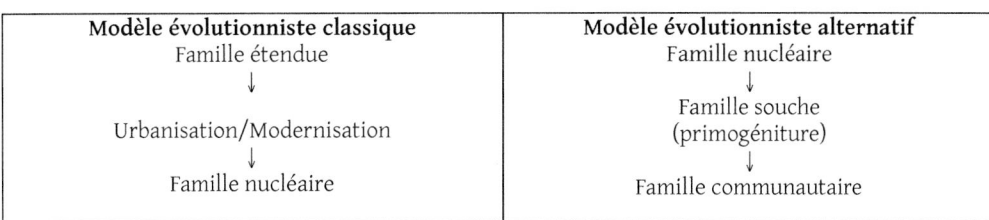

Sans aller dans le détail de cette étude magistrale qui nous amènerait à entrer dans des développements très intéressants mais dépassant notre sujet, il suffit d'avancer que les conceptions patriarcales contenues dans les textes bibliques se comprenaient aisément, si ces conceptions étaient considérées comme étant archaïques. En revanche, à partir du moment où l'ensemble « famille étendue, autorité du père, préférence pour les fils, statut défavorisant les filles » devient le fruit d'une évolution relativement tardive, de la fin du IIIe millénaire av. J.-C. avec la famille nucléaire sumérienne jusqu'au Ier millénaire ap. J.-C. avec la famille arabe communautaire et endogame (Todd 2011 : 521-590), bien des idées reçues sont remises en cause. Certes, les textes mettant en avant ce modèle se trouvent dans la Genèse et ne remontent donc guère loin dans le temps. Après la famille originelle nucléaire, les Patriarches donnent à voir une société patrilinéaire, gérontocratique, polygynique et endogame. De manière étonnante d'ailleurs, le récit général de la Genèse retrace l'évolution familiale du modèle de Todd : la famille *nucléaire* avec Adam et Eve et leurs deux fils rivaux, ne montrant aucune solidarité l'un envers

---

[56] Emmanuel Todd (2017 : 67) explique comment les ethnologues américains (Robert Lowie et George Murdock) pouvaient reconnaître le caractère primordial de la famille nucléaire à la différence de leurs homologues britanniques. En effet, les premiers avaient pour terrain les Amérindiens, les seconds des populations africaines à l'époque du colonialisme avec des structures familiales plus complexes.

l'autre, et très tôt autonomes économiquement ; la famille *souche* avec Abraham et Sarah d'abord, cette dernière voulant que seul son fils Isaac hérite comme un aîné, et non Ismaël, puis avec Isaac et Rébecca et leurs deux fils jumeaux mais avec prééminence de l'aîné (Jacob s'arrange pour « racheter » le droit d'aînesse d'Esaü et tromper ensuite son père) ; enfin, la famille *communautaire* avec Jacob et ses deux épouses, ses deux concubines, ses douze fils et sa fille – la solidarité des frères fonctionnant pleinement contre Joseph, le rejeton chéri par le père vieillissant, la fratrie égalitaire supportant mal qu'il y eût une préférence, qui plus est sentimentale, pour l'un d'entre eux et qui ne soit pas l'aîné. En outre, les ajouts narratifs dans le « cycle de Jacob », tels le rapt de Dinah et la vengeance de ses frères (Gn 34), ou l'histoire de Tamar, veuve et remariée de frère en frère (Gn 38), illustrent plus encore le modèle familial patriarcal. S'ajoute l'endogamie dans les mariages : Jacob épouse Léa et Rachel, ses cousines germaines, et son frère Esaü épouse de même une fille de son oncle Ismaël.

Ces récits ne correspondent évidemment pas à la réalité urbaine d'une ville comme Jérusalem, mais des échos se trouvent dans des textes plus historiques à l'époque hellénistique (IIe siècle av. J.-C.) : Mattathias, sonnant le signal de la révolte contre les Séleucides après mention de ses ascendants et de ses cinq fils (1 Maccabées 2), est présenté de la même manière qu'un Patriarche de la Genèse. Il en est de même du court « roman » Tobit dont ne subsiste que le texte en grec : à la généalogie du premier verset fait pendant la descendance obtenue dans un cadre endogame – « je pris une femme de notre parenté », littéralement « de la descendance de nos pères » (*ek tou spermatos tês patrias hèmôn*) » (Tb 1,9), ce qui fait écho à l'injonction d'Abraham vis-à-vis de son serviteur : « tu iras dans mon pays et dans ma famille (*môlèdèt*/parenté) prendre une femme pour mon fils Isaac » (Gn 24,4). Le livre de Tobit est même une défense et illustration des figures patriarcales de la Genèse puisque le père dit à son fils de les imiter : « Souviens-toi de Noé, d'Abraham, d'Isaac et de Jacob, nos pères dès le commencement. Ils ont tous pris femme dans leur parenté », littéralement : « chez leurs frères » (*ek tôn adelphôn autôn*) (Tb 4,12). L'idéologie patriarcale ne peut donc plus faire partie d'une époque protohistorique d'Israël et ne va finalement pas à l'encontre d'un modèle familial évolutionniste allant du simple vers le complexe. Cette idéologie est à rattacher à la Judée d'époque perse et hellénistique et non à l'Israël de la fin de l'âge du Bronze et du Fer I.

L'archéologie confirme ce modèle : la maison d'habitation israélite des collines de l'âge du Fer était plus adaptée à des familles restreintes qu'à des familles étendues, ce qui pose problème aux archéologues et aux spécialistes de l'Israël ancien qui y voient un nouvel écart difficile à expliquer entre Bible et archéologie.[57] La maison

---

[57] Pour une synthèse, voir Albertz et Schmitt 2012 : 34-41. L'archéologue israélien Avraham Faust (2006) maintient,

des collines israélites de l'âge du Fer peut être décrite ainsi : les animaux d'élevage étaient enclos dans la maison même, à proximité de l'espace central de travail, les espaces de stockage se trouvaient dans la pièce du fond, réduisant de fait l'occupation humaine au point que l'on suppose que des pièces pour le coucher pouvaient se situer à l'étage. Les fonctionnalités agricoles de la *four-room house* ou maison à piliers en font donc une maison rurale avant tout. Inclure de nombreuses d'activités agricoles à l'intérieur de cette maison induit plus une économie familiale autarcique qu'une économie communautaire.

Que les familles israélites anciennes aient pu être restreintes et non étendues doit et peut être accepté en fonction même des textes bibliques. Dans le chant de Deborah, par exemple, le statut de la femme n'est pas aussi bas que dans les récits tardifs évoqués. En effet, le principal protagoniste est une prophétesse, seule à même de faire converger les guerriers chevelus (Jg 5,2) contre le roi cananéen Sisera. L'autre personnage féminin du récit en est finalement l'héroïne car la Qénite Yaël, « parmi les femmes qui vivent sous la tente (*bā'ōhèl*) » (Jg 5,24), frappe violemment et mortellement ce même Sisera qui avait amené la guerre dans la région (Jg 5,19) et qui avait rendu les routes commerciales trop peu sûres, vidant les villages de leurs habitants (Jg 5,6-7). Ce texte plus ancien donne donc à voir une image bien plus fiable de ce que pouvait être la vie des anciens Israélites de l'âge du Fer que les récits de la Genèse. Il montre notamment que ces Israélites vivaient dans des villages et qu'ils coexistaient avec des gens vivant sous la tente. Même si l'exploit de Yaël, fait de ruse et de courage, préfigure le livre bien plus tardif de Judith, il s'agit là de l'action d'une femme banale non dépendante d'un mari comme Sarah l'est d'Abraham. Dans la version revue et corrigée de ce récit en fonction de l'idéologie du livre (Juges 4), Deborah devient une femme mariée et un rôle plus éminent est donné au chef de guerre israélite Baraq. Ainsi, en considérant des récits attestés comme étant archaïques, l'écart entre Bible et archéologie peut être comblé.

La question qui subsiste nous ramène au questionnement précédent concernant la jalousie divine : comment des populations composées de familles nucléaires, au système familial simple où la hiérarchie homme/femme est la moins accentuée, ont-ils pu avoir une conception religieuse patriarcale ? En travaillant la notion de yahwisme historique, nous avons apporté comme réponse l'hypothèse d'un dieu exogène amené par des populations semi-nomades ayant des conceptions religieuses distinctes des Israélites sédentaires. L'aspect familial de ce yahwisme – sa conception même des relations matrimoniales entre un élément masculin jaloux et autoritaire

---

quant à lui, que ce type de maison pouvait abriter de grandes familles malgré parfois son exigüité et que son organisation relèverait même d'un symbolisme propre aux conceptions religieuses des Israélites. Pour lui, elle est *la* maison israélite et non celle de simples sédentaires.

Archéologie de la Bible hébraïque

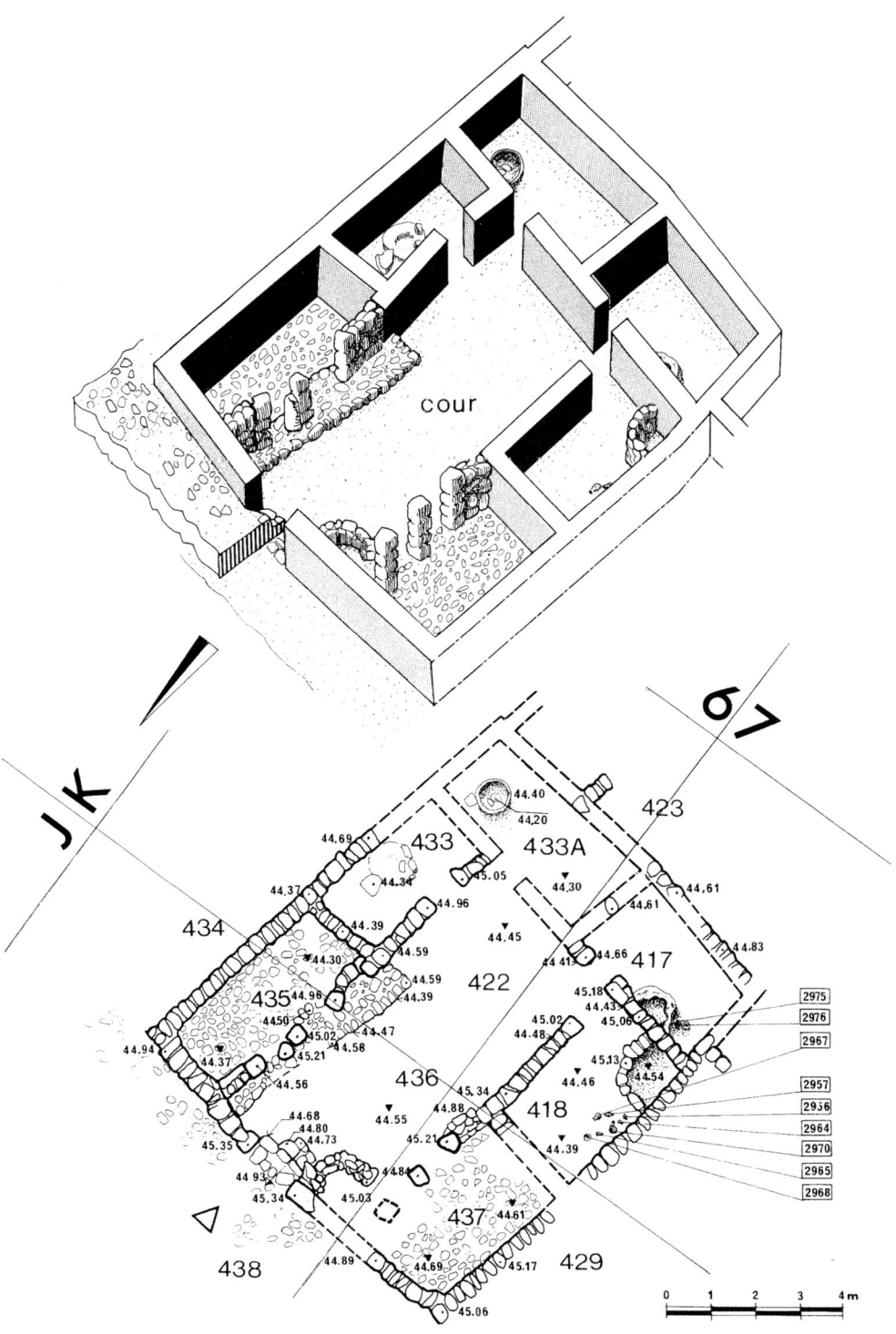

Plan d'une « *four-room house* » à Tell el-Far'ah (Chambon 1984 : 159).

et un élément féminin systématiquement suspecté d'infidélités et, donc, maltraité – confirmerait notre hypothèse, car la métaphore matrimoniale telle qu'elle s'exprime dans quelques textes prophétiques reflète de manière implacable une patrilinéarité accentuée. Voici comment l'anthropologue britannique Robin Fox, spécialiste de la parenté, caractérisait ce type de conception : « [Les systèmes patrilinéaires] réussissent à combiner de façon fort cohérente la résidence, la filiation et le principe d'autorité. Le groupe de résidence forme presque inévitablement une unité patrilocale, de sorte que les hommes du patrilignage se trouvent réunis pour exercer conjointement l'autorité et, inévitablement, s'affronter. (...) s'ils veulent assurer la filiation par les hommes (...) il leur faut se procurer des femmes (...). dans une société patrilinéaire, le problème de la paternité est primordial. Il ne s'agit pas tant de légitimité que, pour le père, de s'assurer que les enfants – plus particulièrement les fils – nés de sa femme lui sont définitivement acquis : qu'ils sont légalement ses enfants. (...) Aussi peut-on s'attendre à ce que les sociétés patrilinéaires attachent beaucoup plus d'importance au mariage et aux droits du mari sur sa femme et ses enfants que ne le font les sociétés matrilinéaires pour lesquelles le mariage n'est, du point de vue logique, qu'une institution marginale (...). En régime patrilinéaire, un homme veut des fils et il lui faut donc se procurer une épouse (ou plusieurs afin d'accroître ses chances) et la garder jusqu'à ce qu'elle lui en ait donné » (Fox 1972 : 113-115). Il ajoute : « Si nous considérons maintenant les rôles impliqués, nous voyons que dans le système patrilinéaire, c'est la constellation père-fils-frère qui domine, la femme ayant pour rôle unique celui d'épouse et mère... » (Fox 1972 : 119).

Certes, Yhwh n'a qu'une épouse, à la différence des patriarches, mais il a tout pouvoir sur elle et, tel un mari de chair et d'os, il promet à son peuple – et veut donc de son épouse – une longue descendance. De notre point de vue, la conception religieuse étonnante qui fait d'une population spécifique l'épouse d'un dieu – au lieu que ce dieu forme couple, comme il se doit, avec une déesse qui serait son égale ou presque – ne peut s'enraciner que dans des structures familiales et de parenté spécifiques, donc dans un terreau anthropologique donnant forme à cette conception théologique. Bref, elle ne peut être « hors-sol », uniquement théologique. Comme cet amour autoritaire ne peut provenir de structures familiales nucléaires dans lesquelles la relation époux/épouse n'est pas à ce point asymétrique, elle doit émaner de ces populations semi-nomades mouvantes en Palestine ancienne. Celles-ci devaient avoir des structures familiales ou, pour le moins, une organisation de la parenté, quelque peu distinctes des Israélites sédentarisés dans les petites maisons à piliers.

Dans son modèle théorique, Emmanuel Todd fait l'hypothèse et constate tout en même temps que l'évolution des systèmes familiaux du simple vers le complexe s'accompagne d'une accentuation de la patrilinéarité, qu'il décline en niveaux

1, 2 et 3 – le niveau 1 correspondant au système souche avec primogéniture/droit d'aînesse, le niveau 2 au système communautaire exogame et le niveau 3 au système communautaire endogame. Le passage de la famille nucléaire à la famille souche s'explique bien, selon lui, en milieu agricole où des parents peuvent souhaiter ne pas diviser la propriété entre les enfants. Le passage de la famille souche à la famille communautaire s'explique selon lui par la mise en contact entre une patrilinéarité de niveau 1 et un système de parenté fondé sur l'égalité des frères dans un milieu nomade. Pour le Proche-Orient ancien, s'appuyant sur les travaux de spécialistes comme Ignace J. Gelb, dont les travaux n'ont pas été déformés par l'évolutionnisme classique et qui opérait la distinction entre famille, au sens strict du terme, et maison ou parenté (*household*), considérant ainsi que des familles nucléaires peuvent être enserrées dans une structure commune patrilinéaire sans que cela en fasse des familles communautaires, Todd a établi que l'influence amorrite avait été décisive : des sociétés sédentaires devenues patrilinéaires (Sumériens et Akkadiens) développèrent la primogéniture (droit d'aînesse) et, *au contact* de nomades (Amorrites) organisés selon des règles de parenté symétrisée (égalité des frères), donnèrent naissance à la famille communautaire. S'appuyant sur Gelb, il affirme dès lors qu'en contexte de culture mésopotamienne urbaine, sédentaire et écrite, « l'ensemble de cette documentation [période pré-sargonique et sargonique, fin du IIIe millénaire] est parfaitement compatible avec un modèle évoquant à l'origine des familles nucléaires englobées dans un système de parenté large, qui aurait pu être bilatéral, avec une évolution ultérieure consistant en la densification d'une famille qui devient plus communautaire et patrilinéaire mais se libère de la parenté large » (Todd 2011 : 549). L'évolution qu'il décèle concerne donc les sédentaires « bénéficiant » de l'apport amorrite, mais la documentation ne permet pas de savoir qu'elle fut l'évolution en milieu amorrite. Ainsi, au schéma évolutionniste proposé par Emmanuel Todd (famille nucléaire → famille souche → famille communautaire), observé chez les sédentaires (agriculteurs, fondateurs des villes et des États) qui font l'histoire puisqu'ils l'écrivent, un modèle parallèle et plus simple pourrait lui être opposé pour les éleveurs semi-nomades, ceux-ci n'accédant pas à la famille communautaire (famille arabe préislamique) par l'étape intermédiaire de la famille souche et en se libérant de la parenté, mais au contraire par un *renforcement* de la parenté dans un cadre patrilinéaire. La famille souche apparaît lorsqu'il y a nécessité à léguer un bien afin qu'il ne soit pas divisé, mais elle sous-entend également une conception de la propriété qui soit plus individuelle que collective.[58] Or, les mondes semi-nomades sont fondés sur une organisation collective tangible du groupe social :

---

[58] La propriété « fundiaire » qui s'est diffusée en Eurasie, et qui est à la base de notre propriété privée, se distingue de la propriété « usufondée » présente ailleurs, notamment dans les organisations lignagères africaines, et qui suppose une exploitation réelle de la terre sans, donc, transmission à un héritier en particulier et sans encourager la rente foncière. Pour cette dichotomie et ce type de réflexion, voir Testart 2005 : 25-28 ; 2012 : 406-409.

CHAPITRE II : ANTHROPOLOGIE DU MONOTHÉISME

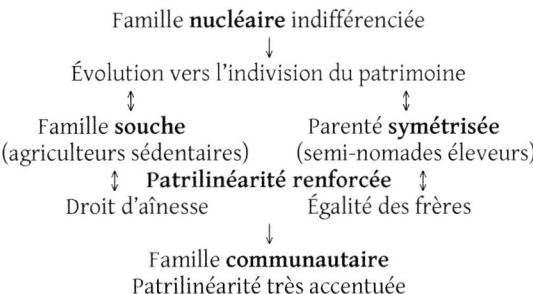

Semi-nomades venant de l'ouest et s'étendant vers l'est, les Amorrites ont donc joué un grand rôle en Mésopotamie au cours du IIe millénaire av. J.-C. et ils ont laissé leur empreinte, même si ce n'est pas dans la culture matérielle :[59] « À côté d'une généalogie royale fortement marquée par la tradition suméro-akkadienne, on constate dans le Proche-Orient d'époque amorrite l'existence d'une "généalogie tribale" ; celle-ci transcende les divisions politiques et géographiques et rattache la plupart des souverains mésopotamiens du début du IIe millénaire à des ancêtres amorrites communs. La plupart des rois de cette époque se définissaient ainsi par rapport à l'une des grandes tribus ou l'un des grands clans bédouins qui avaient été à l'origine de l'expansion amorrite. Dès lors, l'appartenance à une même tribu originelle pouvait amener certains rois à adopter une conduite apparemment en contradiction avec leur pratique diplomatique basée sur les rapports politiques. Ainsi Hammurabi de Babylone offrit-il refuge à Išme-Dagan d'Ekallâtum, après avoir contribué à le vaincre, car ils étaient tous deux descendants de bédouins benjaminites. À l'opposé, le même Hammurabi apprécia-t-il d'autant plus l'aide que lui fournit Zimrî-Lîm de Mari, que celui-ci était un descendant des Bênê Sim'al, a priori antagoniste de l'ethnie benjaminite » (Joannès 2001 : 346).

L'aspect tribal et clanique, indissociable de la parenté, était donc un aspect structurant socialement qui pouvait perdurer. Les Amorrites adoptèrent dieux et institutions suméro-akkadiens, mais la parenté continua de structurer leur monde. S'interrogeant sur la spécificité endogame du mariage arabe, Todd y voit une innovation pouvant être « une façon d'échapper aux conséquences les plus extrêmes de la patrilinéarité, de préserver des liens bilatéraux dans le contexte d'une patrilinéarité très violente, d'un antiféminisme radical » (Todd 2011 : 589). Il n'explique pas comment le monde arabe est devenu celui de la famille communautaire, avant de parvenir à ce niveau de patrilinéarité conduisant à mettre en place un « système de défense », l'historien et anthropologue de la famille notant seulement « que l'organisation patrilinéaire

---
[59] Que la documentation archéologique sur les Amorrites soit restreinte n'autorise pas à récuser « l'hypothèse amorrite ». Voir, dans ce sens, Homsher et Cradic 2017.

et l'endogamie arabe, présentes lors de l'émergence de l'islam, étaient alors déjà associées au nomadisme et mode de vie bédouin » (Todd 2011 : 516). Les Shasou, ces Amorrites des Égyptiens, et autres semi-nomades tels que les Édomites, Madianites, Qénites et Amalécites, toutes ces populations ont dû connaitre des évolutions de leurs structures familiales sans que la parenté en soit atténuée. Cependant, il ne s'agit pas d'affirmer que ces évolutions seraient totalement structurelles et directement liées au mode d'organisation des semi-nomades de la région. Les Nabatéens, Arabes du sud à l'origine, ne semblaient pas être encore à ce point patrilinéaires à l'époque romaine (Todd 2011 : 587-588). Il s'agit donc bien d'évolutions par diffusion. En Judée, la patrilinéarité contenue dans le yahwisme historique s'est trouvée relayée par la patrilinéarité des différentes composantes de cette société : au départ exogène en Israël, cette patrilinéarité accentuée contenue seulement dans une conception religieuse est devenue endogène plus au sud. L'aspect familial du yahwisme d'Osée, tel qu'il est souligné par Gonçalves, ne peut rencontrer d'autre terrain d'explication que l'anthropologie de la famille et de la parenté, tant cet aspect semble central dans cette conception religieuse. Même en l'absence de preuve irréfutable, seule la prise en compte d'une patrilinéarité excessive dans le contexte de sociétés lignagères, fondées sur la parenté (Testart 2012 : 456), est en mesure de rendre compte de ce « *hapax* » de l'histoire des religions.

Par ailleurs, Alain Testart a considéré que les organisations en lignages de sociétés pouvaient aller à l'encontre de l'avènement de l'État, en tout cas de la forme familière au monde occidental pour lequel la parenté n'a plus guère d'importance. Dans de telles sociétés, notamment l'Arabie Saoudite contemporaine, le despote ne peut s'arroger le pouvoir facilement tant les liens de parenté sont déterminants.[60] Il s'agirait, en détournant la thèse de l'anthropologue Pierre Clastres, de véritables « sociétés contre l'État ». C'est sans doute ce qui explique la critique presque systématique de l'institution royale dans quelques textes bibliques, notamment ceux qui sont dits « deutéronomistes ». Le yahwisme historique, à la différence du yahwisme de la création, fait du dieu le roi régnant sur les hommes de sa « tribu » et il fait de ce dieu le père et l'époux de ces mêmes hommes. Or, Testart ajoutait : « Dans de telles sociétés, qui sont en même temps des sociétés sans État, il n'existe de droit que garanti par ceux qui sont solidaires, c'est-à-dire par le lignage, par les parents. Ne pas avoir de parents, c'est ne pas avoir de droit. Un homme sans parent, c'est un homme sans personne pour le défendre » (Testart 2018 : 73). Dans la conception du yahwisme historique, qui est donc aussi un « yahwisme anthropologique », le dieu apparaît comme un parent solidaire, mais qui exige un attachement irréprochable à sa « personne ».

---

[60] C'est pourquoi l'État, sous sa forme despotique, s'appuiera sur des serviteurs liés à la personne du roi, soit des esclaves n'ayant plus de lien de parenté (Testart 2004, II).

Retour à la théorie des deux yahwismes : monolâtrie et monothéisme

Dans sa thèse, Popko (2015) a montré que la métaphore matrimoniale au début du livre de Jérémie ne provenait pas directement du livre d'Osée, mais du livre d'Ézéchiel. Or, à la différence du prophète nordiste, les deux livres prophétiques très développés que représentent Jérémie et Ézéchiel sont issus de milieux judéens à Jérusalem, pour le premier, et en exil babylonien pour le second. Autrement dit, la métaphore du yahwisme historique s'est diffusée et a imprégné le yahwisme de la création, mais sans que celui-ci ne s'efface au profit du premier. Le prêtre Ézéchiel (et « ses » scribes ultérieurs) a donc intégré cet aspect tout en conservant et en développant les fondements du yahwisme judahite, notamment dans la « Torah d'Ézéchiel » (Éz 40-48) qui veut réorganiser le culte sacrificiel sur une opposition pur/impur ultérieurement systématisée dans la pensée sacerdotale, de la fin de l'Exode au livre des Nombres. La « Torah d'Ézéchiel » ne mentionne pas la Loi de Moïse mais la « Loi du Temple » (Éz 43,12), anciennement lieu de pouvoir du roi. Cette *Torah* accorde encore un rôle cultuel important au prince (*nāśî'*), alors que seul subsiste un sacrifice d'expiation/purification pour lui dans le Lévitique (4,22). Yhwh y est présent par sa « gloire » (*kāvôd*), Jérusalem devant être renommée en fonction du temple : *yhwh-šāmmāh*, soit « Yhwh est là ».

Auparavant, les « réformes » d'Ézéchias (fin VIIIe siècle av. J.-C.) et, surtout, de Josias, presque un siècle plus tard, avaient fait du temple, *maison* du dieu, le seul espace cultuel possible. À la différence des « hauts lieux » (*bāmôt*),[61] le temple était l'endroit sur lequel le roi avait tout pouvoir. C'est ce que rappelle le prêtre de Béthel au prophète Amos (Am 7,13). Cependant, rien n'indique que le yahwisme historique ait été à ce point associé à la structure cultuelle classique et centrale des cités qu'est un temple. Le yahwisme sacrificiel dans des structures cultuelles bâties n'est sans doute pas original, le temple de Silo (1 Samuel 1,7) n'ayant laissé aucun vestige de ce type ni même de vestiges d'habitations (Finkelstein 2013 : 50-52). Le fameux épisode du mont Carmel, lors duquel le prophète Élie met au défi les prophètes de Baal par le biais d'un sacrifice (1 Rois 18), illustre bien, parmi d'autres exemples, le fait que le culte pouvait être pratiqué en altitude et sans temple. Dans le cycle de Baal d'Ougarit, le dieu de l'orage veut avoir son palais pour devenir un dieu supérieur et établir sa souveraineté à l'image d'un roi (Tugendhaft 2017 : 78-99). Dans l'évolution historique du yahwisme le temple finit par faire oublier la montagne originelle parce que le dieu

---

[61] « L'opinion traditionnelle, qui voit dans les *bāmôt*, terme rendu habituellement par "hauts lieux", au sommet des collines ou des plates-formes artificielles, ne semble pas correspondre à la réalité. Quoi qu'il en soit du sens primitif, le terme (...) désigne dans la Bible tous les sanctuaires, yahvistes ou non, à l'exception du temple de Jérusalem, indépendamment de leur situation topographique et de leur structure architecturale », Gonçalves 1998 : 587.

est fait roi parmi les hommes, mais cela ne s'opère que par des rois qui y voient leur intérêt immédiat.

À la suite de ces décisions royales successives concernant la centralité du culte dans le sanctuaire jouxtant le palais et à la suite de la « Torah d'Ézéchiel », où le prince a un accès direct à l'espace sacré et apparaît encore comme le sacrificateur ultime (Éz 44-46), le temple est devenu incontournable de l'époque perse jusqu'à sa destruction par les Romains en 70 de notre ère, la répression de 135 faisant perdre tout espoir de pouvoir le reconstruire. Ce temple n'est pas seulement le lieu d'un culte rendu à une seule divinité, il est aussi le centre rituel déterminant les règles du pur et de l'impur. Alors que le corpus des Psaumes évoque dans quelques-unes de ses prières et de ses louanges les sacrifices privés donnant lieu à un repas et à des réjouissances (sacrifices votifs et d'action de grâce ou de reconnaissance (*tôdāh*) après une guérison ou une quelconque action salvifique du dieu),[62] la première partie du Lévitique est un code rituel au contraire centré sur les sacrifices publics dont l'objectif était de préserver la sacralité du temple, notamment le jour du Yom Kippur (Lv 16). C'est pourquoi le judaïsme qui se développa à partir de cette centralité du temple, tel qu'il est conçu par les prêtres, se définit autant par ses aspects rituels que par le monothéisme (Schmidt 1994). L'un des derniers livres prophétiques (époque perse), Malachie, est si focalisé sur le culte et les sacrifices qu'il est comme un Lévitique en négatif, puisqu'il est beaucoup question d'animaux contrefaits immolés sur l'autel. Ces aspects rituels très importants ne proviennent sans doute pas du yahwisme historique mais bien d'un yahwisme de la création s'appuyant justement sur l'institution royale.[63] Une fois disparue, sans espoir de pouvoir être rétablie, l'institution fut suppléée par celle des prêtres et, pour le culte, le roi fut remplacé par le grand prêtre. Le pouvoir royal recourait aux prophètes pour prendre des décisions politiques, même s'il pouvait se défier de ces acteurs du religieux qui, apparemment, ne s'empêchaient pas de critiquer l'institution royale. Le pouvoir sacerdotal après l'Exil n'avait pas besoin de ces spécialistes du divin très différents d'eux et qui pouvaient être des rivaux encombrants. C'est sans doute la raison pour laquelle le judaïsme du temple fut si peu prophétique. Les prophètes tardifs de l'époque romaine, tels que Jean le Baptiste ou Jésus, et bien d'autres cités par Flavius Josèphe,[64] ne pouvaient être que très difficilement tolérés par les autorités

---

[62] Pour cette piété votive tout à fait classique, Lemardelé 2016b : 193-200. Pour ce qui est du terme *tôdāh*, qui signifie « merci » en hébreu moderne, il avait un sens plus riche originellement car il soulignait la notion d'exaltation, pour exprimer sa reconnaissance envers la divinité et pour lui avouer une faute (Lemardelé 2008).

[63] « Lieutenant de Yahvé, le roi est la pièce maîtresse de ce yahvisme. En remettant au roi son pouvoir sur le chaos (Ps 89,26), Yahvé lui confie la mission de maintenir la création, au moyen de l'administration de la justice et du culte. Cette conception du roi était commune dans le monde sémitique » (Gonçalves 2008 : 118).

[64] « (...) un certain Jésus, fils d'Ananias, homme du peuple et campagnard, quatre ans avant la guerre [de 66-70 avec la destruction du Temple, ou 66-73 avec la prise de Massada] (...), vint à la fête au cours de laquelle les Juifs ont coutume d'élever des Tabernacles à Dieu [fête des Tentes]. Brusquement dans le Temple, il se mit à crier : "Une voix de l'orient, une voix du couchant, une voix venue des quatre vents, une voix contre Jérusalem et le Sanctuaire, une voix contre le fiancé et la fiancée, une voix contre le peuple tout entier !" Nuit et jour il parcourait toutes les rues en criant ces

du temple de Jérusalem, le pouvoir romain se chargeant de les éliminer. En outre, dans ce yahwisme de la création, particulièrement développé après la chute de la royauté, monothéiste et ritualiste, le caractère individuel de la divinité est secondaire (Yhwh devenant Adonaï), le tabou sur son nom même rendant ultérieurement difficile le rétablissement de sa vocalisation, cela après être devenu Élohim.

L'imprégnation du yahwisme historique dans le yahwisme de la création fut évidemment décisive. Son imprégnation en terre judahite est clairement visible dans les livres prophétiques de la fin de la période royale, au cours de la seconde moitié du VIIe siècle. Le livre de Nahum commence même par l'annonce que Yhwh est « un Dieu jaloux et vengeur » (*'él qannô' w^{e}nōqém*), et de dieu de l'orage apportant la pluie, il devient celui qui assèche tout sur son passage (Nah 1,3-4). Dans le livre de Sophonie, il est le destructeur, défaisant la création en effaçant de la surface de la terre hommes et animaux, et même oiseaux du ciel et poissons de la mer (So 1,2-3), ceci annonçant le récit du déluge dans la Genèse. Le yahwisme de la création a fini par « habiller » le yahwisme exclusif : « L'organisation du Pentateuque en est le résultat. Le Pentateuque s'ouvre en effet par le récit sacerdotal de la création du cosmos et de l'humanité » (Gonçalves 2008 : 121). À l'instar d'Amos et de ses oracles contre les nations (Am 1-2), le prophète Sophonie s'adresse d'ailleurs tout autant aux voisins de Juda (Philistins, Ammon, Moab, Kushites [Nubiens], Assyriens) qu'à Jérusalem – Amos comparait d'ailleurs Israël aux Kushites, montrant ainsi que la notion d'élection n'émane pas de ce yahwisme de la création. Le livre d'Isaïe, plus ancien d'un siècle, dit plus clairement encore que l'action de Yhwh concerne toutes les nations car elles convergeront vers la colline dominante de Sion, donc vers Jérusalem (Is 2). Les aspects saillants de cette forme de yahwisme sont amplifiés dans les parties postexiliques de ce livre – « Deutéro-Isaïe » (Is 40-55) et « Trito-Isaïe » (Is 56-66) –, Yhwh étant seul dieu et dieu créateur (Is 45), rassembleur des nations (Is 60). Le concept de monothéisme, au sens fort du terme, s'enracine bien évidemment dans cette conception universelle du yahwisme. Dans cette conception, Yhwh n'est pas la divinité d'un seul peuple.

Les deux formes de yahwisme se sont donc entremêlées au point d'entraîner la confusion la plus totale quant à la lecture que nous faisons des textes bibliques. Nous croyons lire une même théologie, cohérente et univoque, alors qu'une conception universaliste et une conception particulariste ont été rassemblées, produisant un monothéisme exclusiviste quelque peu contradictoire. Le christianisme résolut en quelque sorte la contradiction en prônant l'option universaliste, mais tout en conservant l'exclusivisme par le recours au récit biblique comme seul récit possible sur Dieu, excluant les conceptions hétérodoxes des gnostiques ou les considérations

---

mots » (*Guerre des Juifs*, VI, 299-301).

philosophiques grecques plus occupées à définir un principe unique qu'un dieu personnel ayant une histoire.

Pour conclure au sujet des deux yahwismes, Francolino Gonçalves considérait de manière prudente que le yahwisme de la création était le yahwisme traditionnel, le yahwisme historique, minoritaire, étant survenu plus tard du fait qu'il n'est pas attesté véritablement avant le livre d'Osée. Nous n'aurions pas cette prudence et considérerions que ce yahwisme est, au contraire, le yahwisme originel, le yahwisme de la création étant un yahwisme par défaut. D'une part, même s'il écrit que « ce yahvisme doit être aussi ancien que l'institution monarchique » (Gonçalves 2008 : 118), l'onomastique montre que les premiers rois n'avaient pas des noms yahwistes, notamment Salomon pour Juda qui porte encore le nom du dieu éponyme de la ville : Salem/Šalim, divinité ayant des aspects solaires. Ce n'est qu'à l'âge du Fer II que l'onomastique israélite et, surtout, judahite devient clairement yahwiste. Mitka Golub remarque par l'étude de l'épigraphie que les noms du Nord étaient composés du théophore *yw* tandis que ceux du Sud l'étaient avec *yhw*, comme dans les textes bibliques, notamment les livres des Rois, ceci confirmant encore qu'il s'agit bien d'une littérature essentiellement judahite (Golub 2017). D'autre part, les caractéristiques du yahwisme historique semblent, pour beaucoup d'entre elles, structurelles. Ainsi, on aurait pensé que ce yahwisme était plus tardif que l'autre yahwisme en Israël et en Juda, mais en tant qu'élément émanant de l'*hinterland* du Levant, il fut vraisemblablement plus ancien que la forme ouest-sémitique, qui n'est d'ailleurs probablement que le résultat de l'intégration (réussie) du yahwisme en Canaan.

Nous avons largement évoqué les caractéristiques culturelles et cultuelles du yahwisme historique : Yhwh n'est pas un dieu de panthéon et de mythologie, mais un dieu dont on été décrites l'histoire et la relation avec son peuple ; du fait de cette relation, un culte exclusif lui était dû. En outre, ce dieu était sans parèdre et n'était pas représenté par une statue anthropomorphe et/ou zoomorphe. Dans certaines

mentions bibliques et, surtout, dans les inscriptions de Kuntillet 'Ajrud et de Khirbet el-Qôm à peu près contemporaines, Yhwh semble être mentionné avec la déesse Ashérah (Römer 2017a : 213-228). André Lemaire a toujours défendu l'idée que *'šrth* devait être traduit par « son arbre sacré » (Lemaire 2003 : 73-82) et, plus récemment, deux études indépendantes ont abouti à une même traduction par « temple » (Sass 2014 et Puech 2015). Ainsi lirions-nous sur une inscription de Kuntillet 'Ajrud non pas « Yhwh de Samarie et son Ashéra » mais « Yhwh de Samarie et *son* temple ». D'une part, cette lecture est convaincante par la mention du lieu en lien avec un temple yahwiste, d'autre part, le pronom possessif pour désigner l'un des membres d'un couple, humain ou divin, n'est pas attesté ailleurs en contexte sémitique (Krebernik

2017 : 55), ce qui fragilise la lecture qui s'est imposée de nos jours. Yhwh n'était pas toujours seul puisque la documentation judéenne d'Éléphantine mentionne la déesse 'Anat comme pouvant être sa parèdre dans ce temple yahwiste de Haute-Égypte encore au Ve siècle av. J.-C., mais on peut comprendre aussi que le yahwisme « pur » qui fut progressivement imposé exigeait de différencier pleinement ce dieu d'un quelconque Baal. De même, la non représentation de Yhwh doit pouvoir se comprendre d'abord dans une culture religieuse semi-nomade du sud donnant une matérialité fruste à ses dieux par l'érection de stèles (bétyles). Les polémiques sur les bovins de Dan et de Béthel, et leur reprise dans l'épisode du veau d'or de l'Exode, montrent assez qu'il y eut bien de telles représentations de Yhwh, sans qu'elles soient acceptées par les tenants d'un yahwisme récusant toute « baalisation ». Comme l'énonce André Lemaire, le rejet de toute représentation finit même par le fait que ne soit plus acceptable la moindre stèle – ce qu'il nomme un aniconisme « vide » –, stèle pourtant attestée archéologiquement dans le temple judahite d'Arad de la fin du VIIIe siècle, situé au sud de Jérusalem, dans le Néguev (Lemaire 2003 : 108). Ainsi la non représentation est-elle devenue au VIIe siècle, après Ézéchias (?) et, surtout, sous Josias, un véritable aniconisme, les bétyles comme les hauts lieux devant visiblement concurrencer le temple royal en s'en différenciant quelque peu. À l'époque du roi israélite Jéhu, deux siècles plus tôt, champion de Yhwh massacrant les adorateurs de Baal (2 Rois 9-10), il n'est nullement question de « purifier » ainsi le culte.

Il est un aspect spécifique du yahwisme, bien moins évident et pourtant crucial, souligné par Francolino Gonçalves mais que nous avons peu évoqué. Il s'agit du rapport à la loi, si déterminante à la fin du processus d'édification religieuse. Selon lui, le yahwisme de la création, parfaitement ouest-sémitique, consistait à faire du roi le détenteur du droit et de la justice, en tant que représentant de la divinité. Il en est ainsi dans un oracle de Hadad au roi de Mari datant du XVIIIe siècle av. J.-C., dans lequel le dieu enjoint au roi de rendre *la* justice en son nom (Lemaire 2003 : 94). Le yahwisme de la création était de même porteur d'un *droit naturel* émanant d'un pouvoir royal s'appuyant pour ce faire sur une divinité qui lui confiait ses prérogatives de mise en ordre du monde. À l'inverse, pour Gonçalves, le yahwisme historique énonce des *lois positives* dictées directement par la divinité et pour son seul peuple, dès le livre d'Osée dans lequel il y aurait selon lui une préfiguration du décalogue (Os 4,1-3). Un exemple concret étaye son point de vue : « Les poids et les mesures justes fournissent un bel exemple. D'après Pr 16, 11 (voir Pr 11,1 ; 20, 10. 23 ; Am 8, 5 et Mi 6, 10-11), ils font partie de la création. Tout être humain le sait et doit s'y conformer. Or, en Lv 19, 35-36 et Dt 25, 13-16, les poids et les mesures justes sont l'objet de lois positives que Yahvé donne au seul Israël, fondées sur leurs relations exclusives » (Gonçalves 2008 : 121).

Yahwisme historique (yahwisme irréductible)	Yahwisme de la création (yahwisme intégré)
– dieu de l'orage ayant migré avec son peuple – dieu non représenté – dieu exigeant un culte exclusif – dieu sans roi, édictant lui-même ses lois	– dieu de l'orage, vainqueur du chaos – dieu représenté en taureau – dieu ayant une parèdre – dieu représenté par un roi

Il est possible que le yahwisme de création, face à l'évidence du relevé d'indices concordants repérés par Nissim Amzallag (2015b : 33-51), ait été « incarné » à Jérusalem par une divinité légèrement distincte de celle de Samarie : non un dieu de l'orage mais un dieu « Vulcain » sémitique. Cette édification religieuse, mêlant deux conceptions contradictoires qui pourtant devinrent compatibles, s'épanouit vraisemblablement à l'époque perse par la rédaction progressive de l'édifiante histoire de Yhwh et de son peuple.

Modèle évolutif proposé

Polythéisme israélite centré sur le dieu Él
roi du panthéon ouest-sémitique
(fin du Bronze récent)
Sédentarisation des Israélites
familles nucléaires dans les maisons à piliers
(Fer I)
↓

← montée
d'un clan semi-nomade
en Éphraïm avec son dieu Yhwh
(patrilinéarité accentuée)

Yahwisme se diffuse et s'intègre en Israël (stèle de Mésha)
puis en Juda (Fer II)
les rois et les prêtres en font un « yahwisme de création »
↓
Yahwisme « historique et patriarcal » entre en concurrence
avec le yahwisme officiel par l'action de ses prophètes
↓
Convergence des deux formes de yahwisme en Juda
(réformes d'Ézéchias *et* de Josias)
↓
Fusion des deux yahwismes et épanouissement
d'un monothéisme exclusiviste en Samarie et surtout en Judée

Chapitre III : Messianisme en Judée

Le yahwisme après la disparition du royaume de Juda en 587 av. J.-C. devint religion à part entière avec l'élaboration progressive lors de la période perse d'un corpus rappelant l'histoire et, surtout, les origines mythifiées d'ancêtres obscurs (Jacob), parfois transposés dans des époques très anciennes (Abraham), parfois sans doute inventés afin de servir de guide narratif et pour en faire des autorités religieuses (Moïse, puis Aaron). Habituellement, on parle de judaïsme à partir de l'Exil, en oubliant les gens de Samarie qui avaient leur temple du mont Garizim au nord de Jérusalem. Si les Judéens ont pu reconstruire leur sanctuaire (livres des prophètes Aggée et Zacharie), avec l'assentiment du pouvoir perse, les Samaritains l'ont fait aussi (Nodet 2010). La documentation d'Éléphantine montre que les Judéens d'Égypte, ayant eu leur temple détruit et n'obtenant pas de réponse du sacerdoce de Jérusalem, s'étaient tournés spontanément vers l'autorité politique (gouverneur) de Samarie. Le gouverneur de Judée, contacté en même temps, envoya une réponse en son nom et en celui du gouverneur de Samarie afin de rassurer ces Judéens au sujet de la reconstruction de leur temple. Le satrape perse en Égypte n'autorisa toutefois pas les sacrifices d'animaux (bovins *et* ovins) afin, sans doute, de ne plus heurter la sensibilité des dévots du dieu bélier Khnoum, raison plus convaincante que celle de ne pas contrevenir à la centralité du culte (Mélèze Modrzejewski 1997 : 62-65). Les Judéens de Haute-Égypte n'étaient pas monothéistes, ils ne pensaient donc pas non plus leur temple comme étant un concurrent illégitime de celui de Jérusalem en cette fin de Ve siècle. Il semble que l'autorité des textes rédigés dans la capitale judéenne fut limitée et qu'un certain principe de réalité s'imposait : Yhwh avait sans doute eu plusieurs temples,[65] vraisemblablement disséminés, notamment en Édom où l'on vouait un culte à Yhwh de Têmân d'après les inscriptions de Kuntillet 'Ajrud. Aux époques perse et hellénistique, il en avait deux principaux.

---

[65] Même si les temples attestés par l'archéologie au Fer II en Juda sont rares : Faust 2019.

Yahwisme samaritain

Récemment fouillé par des archéologues, le sanctuaire du Garizim a livré un assez grand nombre d'inscriptions votives prouvant que le culte yahwiste y était vivace au Ve siècle av. J.-C (Magen *et al.* 2004). La bonne entente, peut-être seulement relative mais attestée, entre Judéens et leurs voisins du nord conduit aujourd'hui nombre de chercheurs à en conclure que le Pentateuque aurait été un document de compromis entre les deux « parties » (Nihan 2008), voire que le Deutéronome aurait une origine nordiste (Knoppers 2015) puisque le mont Garizim est mis en exergue dans le texte même (Dt 11,29 ; 27,4 [il faut rétablir Garizim au lieu d'Ébal dans ce verset] et 12).[66] Cependant, lorsque les scribes samaritains sont intervenus dans le texte, certes après la rupture avec les Judéens (survenue avec la dynastie hasmonéenne de Judée à la fin IIe siècle av. J.-C., Jean Hyrcan détruisant leur temple), pour établir leur mont comme étant le lieu choisi par Yhwh, ils ne l'ont pas fait de manière discrète puisqu'ils ont prolongé le Décalogue en Exode 20 par de longs paragraphes faisant bien figure d'interpolations dans un style propre au samaritanisme, notamment les désignations divines et la montagne (*har*) du Garizim en un seul mot (Anderson et Giles 2012 : 94-98).

L'hypothèse du document de compromis est donc plus vraisemblable même si elle repose sur l'idée d'un Pentateuque ou d'une *Torah* comme corpus clos et faisant loi très tôt, dès l'époque perse. Or, les premiers livres bibliques, lorsqu'ils étaient écrits sur rouleaux, et donc prolongeables presque indéfiniment, avaient autant valeur d'histoire ancienne que de loi nouvelle. Autre nuance à apporter : Jérusalem n'est pas véritablement mentionnée dans cette « Histoire ancienne d'Israël », mais non pour signifier une prééminence du Garizim sur le mont Sion, plutôt par souci, nous semble-t-il, de cohérence historique et littéraire. En effet, Yhwh fut israélite et samarien avant que d'être judahite et hiérosolomytain, et il vient du nord-est dans le récit exodique. En outre, les mentions conjointes du mont Garizim et du mont Ébal dans le Deutéronome, l'un comme lieu béni, l'autre comme lieu maudit, surviennent après le franchissement du Jourdain de manière essentiellement symbolique dans le parcours du dieu. Il n'y a donc pas lieu de voir dans ce livre un antagonisme d'ordre historique entre ce sanctuaire et celui de Jérusalem, l'antagonisme ne survint qu'après la rupture, quand scribes judéens et scribes samaritains modifièrent le texte. En revanche, il est remarquable que les Judéens reconstruisirent le temple de Yhwh à son emplacement originel, tandis que les Samaritains le déplacèrent : Yhwh de Samarie, mentionné sur les inscriptions du VIIIe siècle de Kuntillet 'Ajrud, devint Yhwh du Garizim. Le temple datant du Ve siècle, n'a-t-il pas alors été construit à cet endroit par simple fidélité au texte deutéronomique ? Il est à noter à ce propos qu'il n'y a pas eu d'occupation du

---

[66] Faut-il même penser à une finalisation du Pentateuque par les milieux liés à ce temple en raison, notamment, d'une vision relativement peu judéo-centrée et moins xénophobe des autres peuples évoqués (Nocquet 2017) ?

site avant cette date (Anderson et Giles 2012 : 17-18). Il est certes possible d'opposer à cette assertion que les Samaritains choisirent de cette manière Sichem, non loin du Garizim, puisque leur version du livre de Josué énonce que l'arche divine aurait été transportée de cette ville à Silo par leurs « frères ennemis » (Dauphin 1998, I : 127). Cependant, cette vision est trop à charge et semble *a posteriori*. Dans le livre de Josué, l'arche d'alliance se trouve entre le mont Garizim et le mont Ébal (8,33), puis elle disparaît du récit. Quant à l'arche de Silo en 1 Samuel, il ne s'agit plus de celle de Moïse avec les tables de la loi, mais de la présence réelle du dieu dans son coffre. Or, cette tradition n'a pas été reprise par les Samaritains, la considérant ultérieurement comme étant judéenne malgré la localisation de Silo en Éphraïm. Ils ont pensé leur histoire ancienne à partir de l'« Hexateuque » et non de l'« Ennéateuque », excluant les traditions historiques des deux royaumes. Leur histoire religieuse prenait forme sur le mont Garizim, selon le Deutéronome, leur histoire politique s'arrêtait à Sichem, là où les livres précédents sont résumés (Josué 24).

La difficulté littéraire qui existe entre le Garizim et Jérusalem dans le Deutéronome (où devait être le premier temple de Yhwh en terre promise ?) recouvre en fait une difficulté historique : pourquoi ne pas reconstruire le temple à Samarie ? La contradiction littéraire la plus importante est toutefois entre ce lieu du Garizim et Silo. Rien n'indique dans le Deutéronome ou Josué comment Yhwh serait allé du Garizim à Silo dans le premier livre de Samuel. S'il est bien question d'une réunion des tribus d'Israël à Silo autour de la « Tente du Rendez-vous » (*'ōhêl mô'ēd*) en Josué 18, selon la sémantique du mythe exodique, rien n'évoque un lien littéraire cohérent avec l'arche du premier livre de Samuel ; la mention de l'arche d'alliance à Béthel en Juges 20,25 est anecdotique. Une inversion historique est donc décelable dans les textes. Les scribes judéens ont peut-être voulu ménager leurs voisins en laissant la préséance au Garizim par rapport au mont Sion, respectant aussi une certaine cohérence historique et géographique, ils ne pouvaient effacer Silo puisqu'ils voulaient conserver des traditions israélites anciennes contenues en 1 Samuel (la mention de Silo en Josué 8 a sans doute cette fonction de transition). Ceci rendit plus compliqué encore l'arrivée de Yhwh à Jérusalem, puisqu'il fallait amener le coffre de Yhwh dans la capitale de David (2 Samuel 6), d'où la transition par Kiryath Yearim (1 Samuel 7,2), pour le faire entrer dans un temple fastueux, plus imaginaire que réel sous Salomon (1 Rois). L'effort scribal consistait à mettre en place un certain ordre narratif et temporel afin que l'ensemble puisse paraître cohérent. La cohérence n'est en fait que de façade car rien n'explique comment Yhwh parvint à Silo et rien ne dit dans les livres de Josué et des Juges où la divinité résidait. Les scribes judéens englobèrent tout le temps historique, des origines aux Rois, et se compliquèrent la tâche. Les Samaritains montrèrent leur peu d'intérêt pour l'histoire, ne s'attachant qu'au mythe. Leur conception du yahwisme s'en trouvait forcément « impactée », étant moins complète historiquement que le yahwisme judéen. Si le yahwisme samaritain prit un aspect nationaliste messianique, ce ne fut qu'aux Ve-VIe siècles de notre ère, sous la pression byzantine (Dauphin 1998, I : 286).

Pourquoi ces derniers ont-ils mieux supporté la domination séleucide et romaine que leurs voisins du sud ? D'abord parce que la pression politique fut sans doute moindre pour eux que pour les Judéens. Ensuite parce que le yahwisme du Garizim était peut-être alors moins idéologique, essentiellement cultuel, et qu'il pouvait mieux s'accommoder des idéologies religieuses étrangères. Par exemple, l'aniconisme du Garizim semble moins rigoureux qu'à Jérusalem puisqu'il se limitait encore aux images cultuelles, non aux pièces de monnaie représentant des divinités étrangères (Knauf et Guillaume 2016 : 180-181). Le yahwisme du mont Sion était, en revanche, soutenu par une classe sacerdotale dont les scribes s'appliquaient à conserver et à amplifier l'aspect exclusiviste de l'idéologie religieuse dans les textes à mesure qu'ils les copiaient. Ce milieu sacerdotal fut par la suite relayé par des aspirations politiques d'indépendance nationale sous les Hasmonéens, et même par des envies de domination et d'expansion. Enfin la société judéenne fut « travaillée » par des mouvements religieux plus ou moins sectaires (pharisiens, sadducéens, esséniens) qui faisaient du yahwisme une religion ne reposant plus uniquement sur l'observance de rites et de lois, mais sur l'attente de changements radicaux. De ce point de vue, la découverte et le déchiffrement des manuscrits de la mer Morte ont fait découvrir une littérature étonnante, essénienne ou non, recélant des tensions et des angoisses prolongeant l'exclusivisme biblique.

Les troubles occasionnés par des Samaritains aux époques hellénistique et romaine n'ont donc pas pris l'ampleur de véritables révoltes, même s'il n'est pas satisfaisant de penser que notre appréciation n'est due qu'à des sources indirectes et au point de vue du vainqueur ; Flavius Josèphe mentionne ainsi un certain Bar-Jésus, samaritain prophétisant au Garizim et exécuté par les Romains (*Antiquités* XVIII, 85). Lorsque ces troubles furent importants, il s'agissait surtout de conflits « internes » concernant le passage de Galiléens se rendant en pèlerinage à Jérusalem et passant par la Samarie. Ces heurts entre Judéo-Galiléens et Samaritains au temps de l'empereur Claude furent arbitrés par les Romains et, selon Flavius Josèphe, en faveur des premiers (*Antiquités juives* 20,118-136). Au VIe siècle ap. J.-C., ils n'étaient guère hospitaliers quand Juifs ou chrétiens venaient à traverser leur pays (Dauphin 1998, I : 127). Or, déjà dans les Évangiles le rejet des Judéo-Galiléens est patent, notamment dans l'épisode de la Samaritaine (Jean 4). Le ressentiment vis-à-vis de l'oppresseur hasmonéen ne pouvait être effacé. Si les conquêtes territoriales hasmonéennes ne relèvent pas d'un programme visant à rétablir les frontières du royaume idéalisé de David et Salomon

(Berthelot 2017),[67] un aspect « purificateur » les motiva en partie (Will et Orrieux 1986 : 191). Les Judéens se voulurent les seuls dépositaires du yahwisme et, donc, les seuls Israélites authentiques. Cette conviction s'affirma progressivement dans les textes (les textes bibliques sont une littérature principalement judéenne), renforcée par des éléments conjoncturels externes à la Judée (Judéens revenant de Babylonie et se montrant intransigeants, ce dont font foi les livres polémiques d'Esdras et Néhémie) *et* par des éléments structurels internes.

Judée hellénistique et romaine patrilinéaire

Les révoltes en Judée aux époques hellénistique et romaine peuvent être abordées de deux manières : en soulignant uniquement l'oppression séleucide et romaine ou en insistant sur la fragmentation et la fermentation messianique à l'intérieur de la société juive. Ainsi, qu'un pouvoir judéen (Hasmonéens) ait pu émerger à la suite d'un conflit avec un roi hellénistique a été interprété comme une résistance à la domination culturelle grecque, vue comme un « colonialisme » (Will et Orrieux 1986). Dans ce type d'interprétation, tout ce qui concerne la culture religieuse (*Ioudaïsmos versus Hellenismos*) a une grande résonance, mais il faudrait élargir la notion de culture et prendre en compte, notamment, tout ce qui concerne la parenté. Ensuite, que des mouvements divers aient pu fractionner le judaïsme est compris comme le résultat d'une action exogène menée à l'origine par des Judéens de la diaspora babylonienne. Ainsi, le « généalogisme » que l'on trouve dans Esdras-Néhémie peut être vu comme le résultat de l'influence culturelle mésopotamienne (Nodet 2011 : 123-128). Or, la « longue durée » et l'anthropologie peuvent apporter un supplément ou une variante d'explication, notamment pour l'obsession généalogique, de même qu'elles éclairent l'écart culturel entre monde gréco-romain et monde « palestinien ».

Les longues généalogies se trouvent en effet dans de nombreux livres bibliques tardifs, dans les Nombres (recensements), dans les parties les moins anciennes de Josué (listes tribales et leurs territoires dans la deuxième partie du livre) et dans les Chroniques qui reprennent en les modifiant les livres des Rois. Les généalogies de la Genèse sont considérées par les exégètes comme des ajouts tout aussi tardifs. Les deux livres des Chroniques, dont le premier débute par de très longues listes généalogiques, des origines au retour d'exil (1 Ch 1-9), semblent attester une patrilinéarité fortement accentuée en Judée. En effet, ces deux livres ne sont pas tenus par les spécialistes comme étant « babyloniens » mais, au contraire, comme étant issus des milieux du temple de Jérusalem (Römer *et al.* 2004 : 594-603).

---

[67] En 1 Maccabées 13, Simon fait en sorte d'assurer l'intégrité du territoire judéen en l'étendant, et la recherche d'alliés lointains (Sparte) et de protecteurs puissants (Rome) est attestée dans les deux livres relatifs à la monarchie hasmonéenne.

La mention de la *bayt 'āb*, littéralement la « maison du père », est fréquente, mais c'est le terme « frère », en hébreu (*'āḥ*) comme en grec (*adelphos*), qui marque une différence avec les livres des Rois. Les Chroniques contiennent une bonne centaine d'occurrences du terme, tandis que les Rois n'en ont qu'une dizaine. L'importance de la famille au sens de maison du père signale évidemment la patrilinéarité, qui n'est guère nouvelle au Proche-Orient ancien. L'importance de la fratrie indique autre chose : une accentuation de l'élément masculin dans la famille par une égalité entre les fils sous l'autorité du père. Le « patriarche » Mattathias, qui sonne la révolte contre Antiochos IV et le pouvoir séleucide vers 167 av. J.-C., refuse avec ses fils de sacrifier aux dieux étrangers, déclarant : « moi, mes fils et mes frères, nous suivrons l'alliance de nos pères » (1 Maccabées 2,20). Cette résistance à la domination hellène, ce *zèle* religieux, s'appuie ainsi sur la parenté. Selon Emmanuel Todd, le principe patrilinéaire symétrisé, donc l'égalité entre les frères, même en l'absence d'un système familial communautaire pleinement réalisé, offre une bonne base de résistance : la solidarité familiale fonctionne parfaitement.[68] C'est ce qui apparaît dans l'atroce histoire des sept frères torturés d'une manière sordide et peu crédible par les Séleucides en 2 Maccabées 7. Dans le livre I de la *Guerre des Juifs*, Flavius Josèphe reprend les éléments historiques de la révolte maccabéenne et fait le récit des péripéties du royaume hasmonéen. Il importe de saisir sous l'aspect de la fratrie l'installation de cette dynastie. Les Hasmonéens sont tout d'abord rois de frère en frère avant que de l'être de père en fils : le premier roi, Judas Maccabée, est le troisième fils de Mattathias, lui succède Jonathan le cinquième, puis Simon le deuxième, et à Simon succède son second fils Jean Hyrcan.

Sous la domination romaine, également, et lors de la première révolte en 66 ap. J.-C., cet aspect familial caractérise les chefs zélotes (*qannaïm*) : « À Judas le Galiléen succèdent son fils, Ménahem, puis à la mort de ce dernier Eléazar ben Jaïre, son parent, qui se trouvera à la tête des Sicaires à Massada » (Mézange 2003 : 36). Ce Judas le Galiléen, selon Flavius Josèphe (*Guerre* II, 118 et 433, *Antiquités* XVIII, 23 et XX, 102), avait créé la « quatrième philosophie » à l'extrême fin du Ier siècle av. J.-C., dans les années de trouble qui suivirent la fin du règne de l'Iduméen Hérode, et se situait dans la continuité d'un Mattathias ou d'un Judas Maccabée. De même, en 132-135 ap. J.-C., Simon Bar Kochba se révolta contre les projets de normalisation de Jérusalem par Hadrien comme ses devanciers l'avaient fait face à Antiochos Épiphane en déclenchant la guérilla (Knauf et Guillaume 2016 : 227-228), se cachant dans les grottes proches de la mer Morte. De manière plus anecdotique, Flavius Josèphe évoque, dans les mêmes années que Judas le Galiléen, un certain Athrongéos, simple berger, qui mena une révolte avec ses

---

[68] « Le monde de l'indifférenciation ou de la bilatéralité est flou, mobile, flexible par nature. [Au contraire] Un groupe structuré par le principe patrilinéaire est comme une armée permanente, organisé pour la guerre, avec ses subdivisions et sa hiérarchie préétablies. La généalogie d'un clan patrilinéaire ressemble à l'organigramme d'une armée ou d'une bureaucratie. N'oublions pas non plus le lien entre masculinité et valorisation de la force physique », Todd 2011 : 39.

quatre frères, chacun à la tête d'une bande armée (*Guerre* II, 60-65). Josèphe souligne d'ailleurs l'égalité des frères lorsqu'il évoque la mise en commun des biens chez les esséniens, la probable secte juive à l'origine des manuscrits de la mer Morte, puisqu'ils le font « comme entre frères » (*Guerre* II, 122). De même, lorsque l'historien judéen fait sa généalogie, il ne mentionne sa mère que pour prouver qu'il a une légitimité hasmonéenne car il n'est sinon question que de son ascendance masculine, de son frère aîné et de ses fils (Cohen-Matlofsky 2016).

Même un personnage plus pacifique comme Jésus de Nazareth, en Galilée également, visiblement très patrilinéaire pour une part de sa population,[69] est à situer dans une fratrie : son frère Jacques était à la tête du mouvement nazôréen bien après la mort de Jésus et jusqu'à la sienne à Jérusalem,[70] et Jude, en apôtre, portait le message de son frère ailleurs qu'en Judée, « sa » généalogie servant la mission.[71] Le messianisme judéen, qui s'était alors développé, était d'ailleurs un fait patrilinéaire puisqu'il s'agissait d'attendre que se révèle un *descendant* du roi David et non qu'apparaisse un quelconque prophète. De ce point de vue, la confusion concernant l'ascendance paternelle de Jésus dans les Évangiles (Barbu 2018 : 165), qui ne pouvait être valorisante en milieu patrilinéaire, peut mieux expliquer encore les aspects messianiques qu'il revendiquait ou qui lui furent attachés ultérieurement. Son « ascendance » divine permettait en quelque sorte de régler le problème. C'est Saul/Paul, Judéen émigré en Asie Mineure, à Tarse en Cilicie, d'abord plein de zèle d'ailleurs contre le mouvement nazôréen, qui détacha le christianisme naissant de son ancrage religieux strictement juif et, par là même, de son ancrage anthropologique de la famille et de la parenté en milieu judéen. Même si Jésus lui-même avait pu commencer à le faire en valorisant les femmes, même non mariées, et ne portant aucun message concernant la famille et, surtout, la descendance masculine à assurer.

Rien ne permet d'affirmer que la famille était devenue communautaire en Judée, même si des familles de ce type sont attestées en contexte funéraire. La famille « Goliath » à Jéricho, surnom vraisemblablement donné au « patriarche » Yého'ézer fils d'Éléazar à cause de sa taille, réunit trois générations dans le tombeau : les six

---

[69] Les Hasmonéens puis, plus tard, Hérode encouragèrent des Judéens, notamment de Babylonie, à s'installer en terre galiléenne. C'est ainsi que les campagnes galiléennes se différencièrent des villes romanisées de Séphoris et de Tibériade, terres de brigands, selon le terme de Flavius Josèphe. Voir Nodet 2018.

[70] L'historicité de Jésus peut parfois être mise en cause, notamment parce que sa notice biographique chez Flavius Josèphe est suspecte (*Antiquités* XVIII, 63-64). Cependant, d'une part, Josèphe mentionne la lapidation de Jacques (*Antiquités* XX, 200), mention non suspectée et apportant une information de premier ordre, d'autre part, il évoque, par un rappel historique, Jean le Baptiste, qui fut exécuté sous Hérode Antipas, sans le rapprocher aucunement de Jésus (*Antiquités* XVIII, 116-117), ce que n'aurait sans doute pas manqué de faire un moine copiste afin de confirmer les Évangiles. Il est à noter encore que ce type de figure est bien attesté historiquement dans ce Ier siècle : le « prophète » Theudas est, par exemple, mentionné par les Actes des Apôtres (5,36) *et* par Flavius Josèphe (*Antiquités* XX, 97).

[71] « L'usage d'une généalogie de Jésus dans la mission menée par des membres de sa famille est en effet significatif : de tels textes ont sans doute accompagné et appuyé très tôt la proclamation de la messianité de Jésus en milieu juif », Guignard 2017 : 216.

fils (et non leurs filles, mariées ailleurs), leurs femmes et leurs quatorze rejetons. Le tombeau est certes inhabituel par sa monumentalité et a pu, de ce fait, être celui d'une famille importante de prêtres de Jérusalem. L'aspect patriarcal de cette famille est notamment souligné par le fait que le nom Yého'ézer fut donné sur trois générations à sept individus distincts (Hachlili 2005 : 292-296). Rachel Hachlili relève d'ailleurs que la majorité des inscriptions trouvées dans les tombeaux familiaux font état de trois générations réunies (Hachlili 2005 : 304). Elle écrit à ce sujet que « *Family burial was conducted in a loving atmosphere* [on pense alors au commandement « honore ton père et ta mère »] ; *interment in a family tomb maintained the succession of the generations in a traditional society* » (Hachlili 2005 : 310). Elle trahit donc sa pensée en évoquant une société traditionnelle qui, selon elle, serait « naturellement » patriarcale, la famille judéenne provenant directement de la « famille biblique ». Or, les inscriptions et données funéraires décrivent une société assez hétérogène en ce qui concerne les structures familiales. À Jérusalem, Eyal Regev (2004) montre que les familles nucléaires étaient dominantes en nombre par rapport à des types de familles plus ou moins larges, bien que les familles étendues aient été bien représentées. Mais son approche est essentiellement quantitative, n'établissant les types familiaux qu'en fonction du nombre de personnes : *nuclear family* (2 adultes, 2 enfants), *small extended family* (2 adultes, 4 enfants), *large extended family* (4 adultes de 2 générations, 8 enfants), *hamula* (plus de 4 adultes de plusieurs générations, 16 enfants et plus) (Regev 2004 : 121), faisant fi de la typologie classique depuis Frédéric Le Play.[72] L'étude est en outre marquée par l'évolutionnisme classique. L'émergence et la progression de la famille nucléaire en terrain patriarcal semble être une évidence, alors que c'est la place non négligeable de familles étendues en contexte funéraire à Jérusalem qui est surprenante. Hachlili accepte l'« archaïsme supposé » de la famille israélite, puis judéenne, tandis que Regev voit la modernisation en marche dans la famille juive antique. N'accordant aucun intérêt à la parenté patrilinéaire, il ne pense pas que celle-ci puisse s'accentuer avec la famille communautaire (Todd 2011 : 592-593), qui n'est guère compatible avec une organisation simple et relativement égalitaire, du point de vue du genre, de la famille. D'après le modèle théorique de Todd, à mesure que la patrilinéarité s'accentue, l'organisation simple de la famille est abandonnée et la relative égalité entre garçons et filles disparaît.

La patrilinéarité en Judée était bien de l'ordre d'une domination masculine sur les femmes. Rachel Hachlili constate en effet que les inscriptions funéraire indiquent un statut plutôt bas de la femme judéenne : les femmes sont moins mentionnées que les hommes, elles n'apparaissent qu'en tant que « mère de… », « femme de… » ou « fille

---

[72] À partir de cette typologie simple et classique (famille nucléaire, souche et communautaire), pour tenir compte de la réalité variée, spécifique et difficile à saisir, Todd (2011 : 45-83) propose une grille de 15 types familiaux, 8 types de famille nucléaire, 4 types de famille souche et 3 type de famille communautaire.

de... », et il y a même quelques inscriptions où elles sont absentes, les hommes de père en fils étant seuls mentionnés (Hachlili 2005 : 311-337). Cette parenté patrilinéaire n'était peut-être pas pleinement communautaire dans le cadre familial ni sans doute endogame, malgré la manifestation tangible de cet élément dans le cycle de Jacob de la Genèse et dans le petit livre de Tobit, il reste que l'élément masculin s'y montrait nettement dominant. Lors de la seconde révolte juive (132-135 ap. J.-C.), de nombreuses lettres ont été retrouvées dans les grottes de Muraba'at et de Nahal Hever, les combattants y déclinant leur identité sur le mode patrilinéaire : Éléazar, fils d'Éléazar, fils d'Hayyata, etc. (*Papyrus Yadin* 44). Cette documentation comporte notamment le contrat de mariage entre un certain Aurelius – un Romain ? – et une dénommée Salomé. Commentant le document, Hannah Cotton écrit que « *in the event of the wife's prior death, her sons will inherit their mother's dowry whereas daughters are to be fed and clothed in the father's house until they get married. I deliberately avoid saying that 'the document follows Jewish law' since the provision for male sons to inherit from their mother in fact contravenes Biblical law which makes the husband the sole heir to his wife's property. It must have been introduced into Jewish law under the influence of other Near Eastern traditions, where the wife's children were her heirs in order to protect male sons in polygamous marriages against the loss of their mother's property to sons of another woman* » (Cotton 1999 : 229-230). Dans ce cas précis, en voulant protéger les fils, et uniquement les fils, en cas de remariage du père, le document suggère deux choses : 1) une forte patrilinéarité puisque les filles n'ont pas droit à l'héritage ; 2) une patrilinéarité glissant vers la matrilinéarité. Le passage à la matrilinéarité dans le judaïsme rabbinique, difficile à expliquer,[73] semble attester que la patrilinéarité en Judée était dominante.[74] En modifiant le mode de filiation, les rabbins faisaient en effet du judaïsme une religion communautaire, désormais fondée sur la conservation et la transmission de traditions. La religion messianique, au cœur de la résistance et des aspirations à l'indépendance nationale, avec le temple de Jérusalem en son centre tel qu'il figure sur les monnaies de Simon Bar Kochba, finirait par s'éteindre avec Rabbi Aqiba, ultime résistant religieux, conciliant l'étude et la lutte lors de la seconde révolte.

---

[73] Voir l'exposé concernant cette surprenante évolution et les tentatives d'explication de Cohen 1999 : 263-307.
[74] Selon Emmanuel Todd (2011 : 371), le passage de la patrilinéarité à la matrilinéarité n'accorde pas de statut supérieur aux hommes pour les femmes, elle atténue surtout leur domination par ces mêmes hommes, c'est une sorte de rééquilibrage.

Conclusion

La Bible hébraïque n'est pas un livre. Il faudrait revenir au pluriel *ta biblia*, « les livres », pour rendre compte de la réalité du corpus. Ces livres ont été liés ensemble dès qu'il s'est agi de rendre compte de l'histoire ancienne d'un peuple (Exode), puis des origines de l'humanité (Genèse). Ainsi, l'ordonnancement des livres sur rouleaux a pu commencer, des origines jusqu'à la conquête. Il « suffisait » ensuite de composer à partir d'archives et de traditions des récits intermédiaires pouvant faire le pont entre cette histoire mythifiée et les annales des rois : livre des Juges, livres de Samuel, début du premier livre des Rois. Ces annales des rois de Juda, principalement, et des rois d'Israël furent réinterprétées à l'aune d'une idéologie que les exégètes nomment « deutéronomiste », mais elle est surtout une application du mythe exodique à l'histoire réelle des deux royaumes. Il fallait justifier, après des débuts si prometteurs, qu'un « peuple » et ses rois aient pu à ce point être soumis à l'envahisseur, d'abord assyrien, ensuite babylonien, alors que ce peuple avait su se défaire de l'emprise égyptienne. Les livres prophétiques qui suivent n'ont pu être ordonnancés de cette même manière « historique », ils sont dans le désordre chronologiquement et surtout classés en fonction de leur taille. Quant aux Ecrits, troisième partie du corpus, ils sont classés sans ordre et forment un ensemble hétéroclite.

La Bible n'est donc pas un ensemble de livres clos sur lui-même, mais une suite d'ouvrages plus ou moins bien articulés entre eux. Même le Pentateuque, notion qui est à déconstruire historiquement, n'a pas la cohérence d'ensemble voulue par les ultimes scribes puisque « dans ces cinq Livres, tous les préceptes et les histoires sont racontés pêle-mêle et sans ordre ; que l'on ne tient pas compte des époques ; qu'une seule et même histoire est racontée souvent, et parfois de diverses manières » (Spinoza 2015 : 199). La force de la théorie documentaire résidait dans sa capacité à expliquer cet ordonnancement de livres. Le « Homère hébreu », l'auteur yahviste (J) vivant à la cour de Salomon, n'est plus crédible ; en revanche, le document sacerdotal (P) reste valide pour attribuer à un milieu de prêtres du temple de Jérusalem, à l'époque perse, la paternité d'une telle construction de l'histoire ancienne d'Israël, Juda devenant au fil des livres le véritable Israël – de Saül à David, de Jéroboam à Josias. L'activité scribale responsable de l'actualisation permanente des récits et des lois ne rend plus nécessaire une quelconque théorie documentaire et moins encore une Histoire deutéronomiste. Les exégètes contemporains, qui font l'hypothèse de débats internes entre écoles de rédaction invisibles et impossibles à identifier autrement que par un style littéraire – les aspects cultuels étant clairement évolutifs –, semblent figer leur réflexion dans des concepts du passé. A l'instar des manuscrits de Qumran, les livres étant assez clairement évolutifs sans auteur et modifiables par tout copiste autorisé par les prêtres. C'est pourquoi il importe de faire l'archéologie de ces textes, non pour découvrir comment ils furent élaborés, mais pour tenter de retrouver le contenu le plus ancien qui porte en grande partie sur l'origine et l'évolution d'une idéologie religieuse.

La lecture des textes bibliques dans l'ordre, à partir de Genèse 1, fait commencer par la fin. La création est monothéiste et elle est l'aboutissement d'une idéologie religieuse au départ moins édifiante. Il est donc nécessaire d'avoir une lecture historique des livres, telle que l'a pensée Francolino Gonçalves, et de commencer donc par des textes en amont et situés au cœur du corpus biblique. Cette lecture historique doit aussi être une lecture anthropologique : 1) l'anthropologue pose en effet un regard neutre *et* étonné sur une culture qui lui est étrangère – pourquoi le dieu biblique est-il si exclusif ? 2) la récurrence notamment des motifs du désert, du nomadisme, de la parenté patriarcale et du pur et de l'impur doit interroger le chercheur.

La théorie des deux yahwismes permet de déconstruire le monothéisme ou d'en faire la généalogie clarificatrice : la monolâtrie provient d'un yahwisme historique, selon l'expression de Gonçalves. Ce yahwisme est d'ailleurs tout autant « anthropologique » compte tenu de son origine semi-nomade. L'alliance, le dieu guide, l'aniconisme, des sanctuaires ouverts, une divinité hors panthéon, ainsi que le sacrifice sans autel (*pessaḥ*), sont à l'opposé d'un yahwisme de la création ou mythologique se fondant sur l'institution royale et le temple central, sur l'autel duquel des prêtres brûlaient des holocaustes. Vraisemblablement, ce yahwisme du royaume de Juda, intégrant les aspects les plus irréductibles du yahwisme originel provenant d'Israël, s'est vu renforcé à l'époque perse, et peut-être même un peu avant (VIIe-VIe siècle), par une conception d'un dieu plus éruptif (dieu « Vulcain » édomite) que tonnant (dieu de l'orage) (Amzallag 2015b : 33-51).

Le monothéisme biblique a donc une forme exclusiviste en raison avant tout de ses origines : un yahwisme patriarcal rendant compte de la jalousie d'un dieu pour son peuple ayant fait alliance avec lui. La convergence, puis la fusion, des deux formes de yahwisme, voire de trois, a donné toute sa puissance, mais aussi son ambivalence, à un monothéisme exclusif qui s'est manifesté en temps de crise sous la forme du messianisme en Judée. Ce monothéisme de nature exigeante issu d'une divinité patriarcale le devint donc plus encore dans une société judéenne elle-même très patriarcale.

Parmi les points d'interrogation qui subsistent concernant l'origine de ce monothéisme, le plus stimulant pour un « archéologue des textes » est sans nul doute la question du premier groupe porteur du yahwisme dans la région des collines. L'hypothèse amalécite sera donc à étayer.

Bibliographie

ADROM, F. and M. MÜLLER 2017. The Tetragrammaton in Egyptian Sources – Facts and Fiction, in J. VAN OORSCHOT et M. WITTE (ed.) *The Origins of Yahwism*: 93-113. Berlin-Boston: De Gruyter.

ALBERT, P. et C. BONNET 2010. La colère de Yahvé contre son peuple. Châtiment, dette et ordre cosmique. *Mythos. Rivista di Storia delle Religioni* 4 : 129-140.

ALBERTZ, R. and R. SCHMITT 2012. *Family and Household Religion in Ancient Israel and the Levant*. Winona Lake: Eisenbrauns.

AMZALLAG, N. 2015a. The Material Nature of the Radiance of YHWH and its Theological Implications. *Scandinavian Journal of the Old Testament* 29: 80-96.

AMZALLAG, N. 2015b. *Esau in Jerusalem. The Rise of a Seirite Religious Elite in Zion at the Persian Period*. Pendé: Gabalda.

AMZALLAG, N. 2017. Who was the Deity Worshipped at the Tent-Sanctuary of Timna?, in E. BEN-YOSEF (ed.) *Mining for Ancient Copper. Essays in Memory of Beno Rothenberg*: 127-136. Tel Aviv: Tel Aviv University/Sonia and Marco Nadlet Institute of Archaeology.

AMZALLAG, N. 2018. The Authorship of Ezra and Nehemiah in Light of Differences in Their Ideological Background. *Journal of Biblical Literature* 137: 271-297.

AMZALLAG, N. and S. YONA 2017. Differentiation of the *qayin* Family of Roots in Biblical Hebrew. *Semitica* 59: 297-332.

ANDERSON, R.T. and T. GILES 2012. *The Samaritan Pentateuch. An Introduction to Its Origin, History, and Significance for Biblical Studies*. Atlanta: Society of Biblical Literature.

ARTUS, O. 2011. Nouvelles tendances de la recherche concernant le Pentateuque. Revue Théologique des Bernardins 1 : 111-130.

ASSMANN, J. 2001. *Moïse l'égyptien. Un essai d'histoire de la mémoire*. Paris : Aubier.

ASSMANN, J. 2007. *Le prix du monothéisme*. Paris : Aubier.

ASSMANN, J. 2010. *La mémoire culturelle. Écriture, souvenir et imaginaire politique dans les civilisations antiques*. Paris : Aubier.

ASSMANN, J. 2014. Autour de l'Exode : monothéisme, différence et violence. *Revue de l'Histoire des Religions* 231 : 5-26.

ASSMANN, J. 2018. *Le monothéisme et le langage de la violence. Les débuts bibliques de la religion radicale*. Paris : Bayard.

BARBU, D. 2018. L'Évangile selon les Juifs : à propos de quelques témoignages anciens. *Anabases* 28 : 157-180.

BARDET, S. 2002. *Le Testimonium Flavianum. Examen historique, considérations historiographiques*. Paris : Le Cerf.

BEENTJES, P.C. 1997. *The Book of Ben Sira in Hebrew*. Leiden: Brill.

BERLEJUNG, A. 2017. The Origins and Beginnings of the Worship of YHWH : The Iconographic Evidence, in J. VAN OORSCHOT, M. WITTE (ed.) *The Origins of Yahwism* : 67-92. Berlin-Boston: De Gruyter.

BERTHELOT, K. 2017. *In Search of the Promised Land? The Hasmonean Dynasty between Biblical Models and Hellenistic Diplomacy*. Göttingen: Vandenhoek & Ruprecht.

BOTTÉRO, J. et S.N. KRAMER 1989. *Lorsque les dieux faisaient l'homme. Mythologie mésopotamienne*. Paris : Gallimard.

BRIEND, J. et M.-J. SEUX 1977. *Textes du Proche-Orient ancien et histoire d'Israël*. Paris : Le Cerf.

CHABBI, J. 2016. *Les trois piliers de l'islam. Lecture anthropologique du Coran*. Paris : Le Seuil.

CHAMBON, A. 1984. *Tell el-Fa'rah I. L'Âge du Fer*. Paris : Éditions Recherche sur les civilisations.

CHARPIN, D. 2001. Prophéties, dans JOANNÈS, F. (dir.) 2001. *Dictionnaire de la civilisation mésopotamienne* : 693-694. Paris : Robert Laffont.

CHARPIN, D. 2019. *« Tu es de mon sang ». Les alliances dans le Proche-Orient ancien*. Paris : Collège de France-Les Belles Lettres.

CLASTRES, P. 1974. *La société contre l'État. Recherches d'anthropologie politique*. Paris : Minuit.

CLINE, E.H. 2016. *1177 avant J.-C. : le jour où la civilisation s'est effondrée*. Paris : La Découverte.

COHEN, S. J. D. *The Beginnings of Jewishness. Boundaries, Varieties, Uncertainties*. Berkeley: University of California Press.

COHEN-MATLOFSKY, C. 2016. Flavius Josephus The Man and His Ambitions: A Prosopographic Study. *The Polish Journal of Biblical Research* 15: 67-86.

COTTON, H. M. 1999. The Languages of the Legal and Administrative Documents from the Judaean Desert. *Zeitschrift für Papyrologie und Epigraphik* 125: 219-231.

DAUPHIN. C. 1998. *La Palestine byzantine. Peuplement et Populations. Volume I : Texte*. Oxford : Archaeopress.

DE PURY, A., T. RÖMER et J.D. MACCHI (éd.) 1996. *Israël construit son histoire. L'historiographie deutéronomiste à la lumière des recherches récentes*. Genève : Labor et Fides.

DETIENNE, M. 2005. *Les Grecs et nous. Une anthropologie comparée de la Grèce ancienne*. Paris : Perrin.

DOGNIEZ, C. et M. HARL (dir.) 2003. *Le Pentateuque. La Bible d'Alexandrie*. Paris : Folio/Gallimard.

DOUGLAS, M. 1992. *De la souillure. Études sur la notion de pollution et de tabou.* Paris : La Découverte.

DURAND, J.-M. 1998. *Les documents épistolaires du palais de Mari. Tome II.* Paris : Le Cerf.

FAUST, A. 2006. *Israel's Ethnogenesis. Settlement, Interaction, Expansion and Resistance.* Londres: Equinox.

FAUST, A. 2019. Israelite Temples: Where Was Israelite Cult Not Practiced, and Why. *Religions* 10/106: 1-26.

FINKELBERG, M. 2018. The Formation of the Homeric Epics, in F.-H. MUTSCHLER (ed.) *The Homeric Epics and the Chinese Book of Songs. Foundational Texts Compared*: 15-38. Newcastle: Cambridge Scholars Publishing.

FINKELSTEIN, I. 2013. *Le royaume biblique oublié.* Paris : Odile Jacob.

FINKELSTEIN, I. and T. RÖMER 2014a. Comments on the Historical Background of the Abraham Narrative. Between 'Realia' and 'Exegetica'. *Hebrew Bible and Ancient Israel* 3: 3-23.

FINKELSTEIN, I. and T. RÖMER 2014b. Comments on the Historical Background of the Jacob Narrative in Genesis. *Zeitschrift für die Alttestamentliche Wissenschaft* 126: 317-338.

FINKELSTEIN, I., T. RÖMER, C. NICOLLE, Z.C. DUNSETH, A. KLEIMAN, J. MAS and N. PORAT. 2018. Excavations at Kiriath-jearim near Jerusalem, 2017 : preliminary report. *Semitica* 60: 31-83.

FOX, R. 1972. *Anthropologie de la parenté. Une analyse de la consanguinité et de l'alliance.* Paris : Gallimard.

GADOT, Y. 2017. The Iron I in the Samaria Highlands: A Nomad Settlement Wave or Urban Expansion? in O. LIPSCHITS, Y. GADOT et M.J. ADAMS (ed.) *Rethinking Israel. Studies in the History and Archaeology of Ancient Israel in Honor of Israel Finkelstein*: 103-114. Winona Lake: Eisenbrauns.

GERMANY, S. 2017. *The Exodus-Conquest Narrative. The Composition of the Non-Priestly Narratives in Exodus-Joshua.* Tübingen: Mohr Siebeck.

GERMANY, S. 2018. The Hexateuch Hypothesis: A History of Research and Current Approaches. *Current Biblical Research* 16: 131-156.

GLASSNER, J.-J. 2014. L'autorité de l'auteur en Mésopotamie. Étude de cas, dans M. GOREA, M. TARDIEU (ed.) *Autorité des auteurs antiques : entre anonymat, masque et authenticité* : 21-33. Turnhout : Brepols.

GLASSNER, J.-J. 2015. « "Noé" dans les sources mésopotamiennes ». *Revue de l'Histoire des Religions* 232 : 487-498.

GMIRKIN, R.E. 2006. *Berossus and Genesis, Manetho and Exodus: Hellenistic histories and the date of the Pentateuch.* Londres-New York: T&T Clark.

GMIRKIN, R.E. 2016. *Plato and the Creation of the Hebrew Bible.* Londres-New York: Routledge.

GONÇALVES, F.J. 1998. La réforme d'Ézéchias, dans A. LEMAIRE (dir.) *Le monde de la Bible* : 582-589. Paris : Folio/Gallimard.

GONÇALVES, F.J. 2001. Les prophètes écrivains étaient-ils des *nby'ym* ?, in M. DAVIAU, J.W. WEVERS, M. WEIGL (ed.) *The World of the Arameans I* : 144-185. Sheffield: Sheffield Acacemic Press.

GONÇALVES, F.J. 2002. Le prophétisme biblique : réalités historiques et constructions théologiques. *Annuaire de l'EPHE, Section des sciences religieuses* 111 : 159-161.

GONÇALVES, F.J. 2008. Deux systèmes religieux dans l'Ancien Testament : de la concurrence à la convergence. *Annuaire de l'EPHE, Section des sciences religieuses* 115 : 117-122.

GONÇALVES, F.J. 2010. Fondements du message social des prophètes, dans A. LEMAIRE (ed.) *Congress Volume Ljubljana 2007*: 597-620. Leiden-Boston: Brill.

GOLUB, M. 2017. Israelite and Judean Theophoric Personal Names in the Hebrew Bible in the Light of the Archaeological Evidence. *Ancient Near Eastern Studies* 54: 35-46.

GRABBE, L.L. 2007. *Ancient Israel. What Do We Know and How Do We Know It?* Londres-New York: T&T Clark.

GRIMAL, N. 2014. *Histoire de l'Égypte ancienne.* Paris : Le Livre de Poche.

GUIGNARD, C. 2017. Les traditions généalogiques de la famille de Jésus et les généalogies évangéliques. *Judaïsme ancien/Ancient Judaism* 5 : 165-216.

HACHLILI, R. 2005. *Jewish Funerary Customs. Practices and Rites in the Second Temple Period.* Leiden: Brill.

HAMIDOVIĆ, D. 2011. Entre jalousie et envie : le cas de l'essénisme, dans H. ROUILLARD-BONRAISIN (éd.) *Jalousie des dieux, jalousie des hommes* : 159-171. Turnhout, Brepols.

HARL, M., G. DORIVAL et O. MUNNICH 1994. *La Bible grecque des Septante. Du judaïsme hellénistique au christianisme ancien.* Paris : Le Cerf/Edition du C.N.R.S.

HAWLEY, R. 2004. Hyssop in the Ugaritic Incantation RS 92.2014*. *Journal of Ancient Near Eastern Religions* 4: 29-70.

HOLLADAY, C.R. 1995. *Fragments from Hellenistic Jewish Authors. Volume III. Aristobulus.* Atlanta: Scholars Press.

HOMSHER, R.S. et M.S. CRADIC. Rethinking Amorites, in O. LIPSCHITS, Y. GADOT et M.J. ADAMS (ed.) *Rethinking Israel. Studies in the History and Archaeology of Ancient Israel in Honor of Israel Finkelstein* 131-149. Winona Lake: Eisenbrauns.

HONIGMAN, S. 2017. The Library and the Septuagint: Between Representations and Reality, in C. RICO et A. DAN (ed.) *The Library of Alexandria. A Cultural Crossroads of the Ancient World:* 45-77. Jérusalem: Polis Institute Press.

HOUSTON, W. 1993. *Purity and Monotheism. Clean and Unclean Animals in Biblical Law.* Sheffield: Sheffield Academic Press.

HUGO, P. 2006. *Les deux visages d'Élie : Texte massorétique et Septante dans l'histoire la plus ancienne du texte de 1 Rois 17-18.* Fribourg-Göttingen : Vandenhoeck & Ruprecht.

Huot, J.-L. 2004. *Une archéologie des peuples du Proche-Orient. Tome II. Des hommes des palais aux sujets de premiers empires (IIe-Ier millénaire av. J.-C.)*. Paris : Errance.

Jean-Baptiste, P. 2015. *Les Secrets de la Bible*. Paris : Vuibert.

Joannès, F. 2001. Généalogie, dans Joannès, F. (dir.) 2001. *Dictionnaire de la civilisation mésopotamienne* : 345-347. Paris : Robert Laffont.

Joosten, J. 2010. La persuasion coopérative dans le discours sur la Loi : pour une analyse de la rhétorique du code de sainteté, dans A. Lemaire (ed.) *Congress Volume Ljubljana 2007*: 381-398. Leiden-Boston: Brill.

Keel, O. et C. Uehlinger 2001. *Dieux, déesses et figures divines. Les sources iconographiques de l'histoire de la religion d'Israël*. Paris : Le Cerf.

Knauf, E. A. et P. Guillaume 2016. *A History of Biblical Israel. The Fate of the Tribes and Kingdoms from Merenptah to Bar Kochba*. Sheffield-Bristol: Equinox.

Knoppers, G.N. 2015. The Northern Context of the Law-Code in Deuteronomy. *Hebrew Bible and Ancient Israel* 4: 162-183.

Krebernik, M. 2017. The Beginnings of Yahwism from an Assyriological Perspective, in J. Van Oorschot, M. Witte (ed.) *The Origins of Yahwism*: 45-65. Berlin-Boston: De Gruyter.

Lamour, D. 2003. *Flavius Josèphe*. Paris : Les Belles Lettres.

Lang, B. 1983. The Yahweh-Alone Movement and the Making of the Jewish Monotheism, in B. Lang (ed.) *Monotheism and the Prophetic Minority: An Essay in Biblical History and Sociology*: 13-56. Sheffield: Almond Press.

Lang, B. 2011. Le dieu de l'Ancien Testament est-il un dieu jaloux ? Essai de réponse, dans H. Rouillard-Bonraisin (éd.) *Jalousie des dieux, jalousie des hommes* : 159-171. Turnhout: Brepols.

Lang, B. 2017a. Gottes Einzigkeit, dans W. Dietrich (ed.) *Die Welt der Hebräischen Bible. Umfeld - Inhalte - Grundthemen*: 383-398. Stuttgart: Kohlhammar.

Lang, B. 2017b. New Light on the Levites : The Biblical Group that Invented Belief in Life after Death in Heaven, in E.-M. Becker (ed.) *"What is Human ?" Theological Encounters with Anthropology*: 65-85. Göttingen: Vandenhoeck & Ruprecht.

Lang, B. 2019 [à paraître]. Der Gotteskrieger. Archaische Kriegerwut und die Geschichte des "Eifers" in Israel, in J. Woyke (ed.) *Eifer Gottes - Eifern für Gott. Radikalismus und Fanatismus in der biblischen Traditon und Wirkungsgeschichte*. Göttingen: Vandenhoeck & Ruprecht.

Lear, S. 2018. *Scribal Composition. Malachi as a Test Case*. Göttingen: Vandenhoeck & Ruprecht.

Lemaire, A. 2003. *Naissance du monothéisme. Point de vue d'un historien*. Paris : Bayard.

Lemardelé, C. 2002. Le sacrifice de purification : un sacrifice ambigu ? *Vetus Testamentum* 52: 284-289.

Lemardelé, C. 2004. Une solution pour le 'âšam du lépreux. *Vetus Testamentum* 54: 208-215.

LEMARDELÉ, C. 2006. H, P^s et le bouc pour Azazel. *Revue Biblique* 113 : 529-551.

LEMARDELÉ, C. 2008. De l'aveu aux vœux : le rite *tôdâh* d'exaltation. *Biblische Notizen* 137: 5-16.

LEMARDELÉ, C. 2010. Une gigantomachie dans la Genèse ? Géants et héros dans les textes bibliques compilés. *Revue de l'Histoire des Religions* 227 : 155-174.

LEMARDELÉ, C. 2012a. Samson et les biblistes : entre exégèse, théologie et folklore. *Asdiwal* 7 : 71-85.

LEMARDELÉ, C. 2012b. À la recherche du récit de l'Arche : À la recherche de Saül. De Shilo à Gibea. *Scandinavian Journal of the Old Testament* 26: 55-76.

LEMARDELÉ, C. 2013a. Les légendes fabriquées de David. Variantes textuelles et tensions littéraires en 1 Samuel 16-18. *Semitica et Classica* 6 : 41-60.

LEMARDELÉ, C. 2013b. Allochtonie *versus* autochtonie : les régimes d'historicité « biblique » et aztèque. *Scandinavian Journal of the Old Testament* 27: 273-289.

LEMARDELÉ, C. 2014. Mary Douglas et la Bible : la (re)conversion d'une anthropologue. *L'Homme* 212 : 139-158.

LEMARDELÉ, C. 2016a. Structures familiales et idéologie religieuse dans l'ancien Israël. Vers une meilleure compréhension du « monothéisme » biblique. *Semitica et Classica* 9 : 43-60.

LEMARDELÉ, C. 2016b. *Les cheveux du Nazir. De Samson à Jacques, frère de Jésus.* Paris : Le Cerf.

LEMARDELÉ, C. 2018. Pourquoi Dieu est-il jaloux ? L'apport de l'anthropologie de la famille pour l'analyse et l'histoire du monothéisme biblique. *Smala. Revue d'anthropologie historique du Cercle d'études toddiennes* 1 : 13-25 [En ligne].

LEMARDELÉ, C. 2019a [à paraître]. Le mythe exégétique de l'Arche en 1-2 Samuel. Note philologique. *Biblische Notizen* 180.

LEMARDELÉ, C. 2019b [à paraître]. The "Jealousy" of God. Biblical Monothéism and Anthropology. *Antiguo Oriente* 17.

LEUENBERGER, M. 2017. YHWH's Provenance from the South. A New Evaluation of the Arguments pro and contra, in J. VAN OORSCHOT, M. WITTE (ed.) *The Origins of Yahwism*: 157-179. Berlin-Boston: De Gruyter.

LEVINSON, B.M. 2010. Esarhaddon's Succession Treaty as the Source for the Canon Formula in Deuteronomy 13:1. *Journal of American and Oriental Studies* 130: 337-347.

LIPSCHITS, O., T. RÖMER, and H. GONZALEZ 2017. The Pre-Priestly Abraham Narratives from Monarchic to Persian Times. *Semitica* 59: 261-296.

LIVERANI, M. 2010. *La Bible et l'invention de l'histoire. Histoire ancienne d'Israël.* Paris : Folio/Gallimard.

LUCIANI, D. 2007. Genèse 2,4 : théorie documentaire ou analyse narrative ? *Nouvelle Revue Théologique* 129 : 279-284.

MAGEN, Y., H. MISGAV and L. TSFANIA 2004. *Mount Gerizim Excavations. The Aramaic, Hebrew, and Samaritan Inscriptions.* Jérusalem: Israel Exploration Society.

Marx, A. 1994. *Les offrandes végétales dans l'Ancien Testament. Du tribut d'hommage au repas eschatologique.* Leiden: Brill.

Mélèze Modrzejewski, J. 1997. *Les Juifs d'Égypte de Ramsès II à Hadrien.* Paris : Presses Universitaires de France.

Meshel, Z. et L. Freud (ed.) 2012. *Kuntillet 'Ajrud (Ḥorvat Teman) : an Iron Age Site on the Judah-Border.* Jérusalem: Israel Exploration Society.

Mézange, C. 2003. *Les Sicaires et les Zélotes. La révolte juive au tournant de notre ère.* Paris : Geuthner.

Milgrom, J. 1981. The Paradox of the Red Cow (Num. xix). *Vetus Testamentum* 31: 62-72.

Milgrom, J. 2004. *Leviticus. A Book of Ritual and Ethics.* Minneapolis: Augsburg Fortress.

Milstein, S.J. 2016. *Tracking the Master Scribe. Revision through Introduction in Biblical and Mesopotamian Literature.* Oxford: Oxford University Press.

Müller, R. 2017. The Origins of Yhwh in Light of the Earliest Psalms, in J. Van Oorschot, M. Witte (ed.) *The Origins of Yahwism* : 207-238. Berlin-Boston: De Gruyter.

Na'aman, N. 2016a. The Boundaries of the Promised Land in the Patriarchal Narratives. *Biblische Notizen* 170: 3-12.

Na'aman, N. 2016b. The "Kenite Hypothesis" in the Light of the Excavations at Ḥorvat 'Uza, in G. Bartoloni, M.G. Biga (ed.) *Not Only History : Proceedings of the Conference in Honor of Mario Liverani*: 171-179. Winona Lake: Eisenbrauns.

Nihan, C. 2008. L'autel sur le mont Garizim. *Deutéronome 27* et la rédaction de la Torah entre Samaritains et Judéens à l'époque achéménide. *Transeuphratène* 36 : 97-124.

Nocquet, D. 2004. *Le livret noir de Baal. La polémique contre le dieu Baal dans la Bible hébraïque et l'ancien Israël.* Genève : Labor et Fides.

Nocquet, D.R. 2017. *La Samarie, la diaspora et l'achèvement de la Torah. Territorialités et internationalités dans l'Hexateuque.* Fribourg-Göttingen : Vandenhoeck & Ruprecht.

Nodet, E. 2010. *Samaritains, Juifs, Temples. Réponses de Christophe Nihan et Philippe Abadie.* Pendé : Gabalda.

Nodet, E. 2011. Israelites, Samaritans, Temples, Jews, in J. Zsengellér (ed.) *Samaria, Samarians, Samaritans. Studies on Bible, History and Linguistics*: 121-171. Berlin-Boston: De Gruyter.

Nodet, E. 2017a. Josephus and Aristea's Letter: A Comparison, in C. Rico, A. Dan (ed.) *The Library of Alexandria. A Cultural Crossroads of the Ancient World*: 89-120. Jérusalem: Polis Institute Press.

Nodet, E. 2017b. La synagogue et l'autorité scripturaire. *Semitica et Classica* 10 : 59-80.

Nodet, E. 2018. La Galilée au temps de Jésus, dans D. Jaffé (dir.) *Judaïsme et Christianisme en dialogue* : 57-82. Paris : Le Cerf.

Otto, E. 1999. *Das Deuteronomium Politische Theologie und Rechtsreform in Juda und Assyrien.* Berlin: De Gruyter.

OTTO, E. 2013. The Books of Deuteronomy and Numbers in One Torah. The Book of Numbers Read in the Horizon of the Postexilic *Fortschreibung* in the Book of Deuteronomy : New Horizons in the Interpretation of the Pentateuch, in C. FREVEL, T. POLA, A. SCHART (ed.) *Torah and the Book of Numbers*: 383-394. Tübingen: Mohr Siebeck.

PAKKALA, J. 2017. The Origins of Yahwism from the Perspective of Deuteronomism, in J. VAN OORSCHOT, M. WITTE (ed.) *The Origins of Yahwism*: 267-281. Berlin-Boston: De Gruyter.

PARDEE, D. L'autorité littéraire au XIIIe siècle av. J.-C. *'Ilîmilku* d'Ougarit : scribe/auteur ? dans M. GOREA, M. TARDIEU (éd.) *Autorité des auteurs antiques : entre anonymat, masque et authenticité* : 35-57. Turnhout : Brepols.

PFEIFFER, H. 2005. *Jahwes Kommen von Süden. Jdc 5; Hab 3; Dtn 33 und Ps 68 in ihrem literatur- und theologiegeschichtlichen Umfeld*. Göttingen: Vandenhoeck & Ruprecht.

PFEIFFER, H. 2017. The Origin of Yhwh and its Attestation, in J. VAN OORSCHOT, M. WITTE (ed.) *The Origins of Yahwism*: 115-144. Berlin-Boston: De Gruyter.

POGOR, C. 2016. Les multiples entrées en scène du personnage de David. Étude narrative de 1 Samuel 16-17, in W. DIETRICH (ed.) *The Books of Samuel. Stories-History-Reception History*: 529-540. Leuven: Peeters.

POPKO, Ł. 2015. *Marriage Metaphor and Feminine Imagery in Jer 2:1-4:2. A Diachronic Study Based on the MT and LXX*. Leuven-Paris: Peeters.

PUECH, E. 2015. L'inscription 3 de Khirbet el-Qôm revisitée et l'Ashérah. *Revue Biblique* 122: 5-25.

RAINEY, A.F. 1970. The Order of Sacrifices in Old Testament Ritual Texts. *Biblica* 51: 485-498.

REGEV, E. 2004. Family Burial, Family Structure, and the Urbanisation of Herodian Jerusalem. *Palestine Exploration Quarterly* 136: 109-131.

RICHELLE, M. 2018. *The Bible & Archaeology*. Peabody: Hendrickson.

RÖMER, T., J.-D. MACCHI et C. NIHAN (éd.) 2004. *Introduction à l'Ancien Testament*. Genève : Labor et Fides.

RÖMER, T. 2008. De la périphérie au centre. Les livres du Lévitique et des Nombres dans le débat actuel sur le Pentateuque, in T. RÖMER (ed.) *The Books of Leviticus and Numbers*: 3-34. Leuven : Peeters.

RÖMER, T. 2016a. L'énigme de 'Ashtar-Kemosh dans la stèle de Mésha, in I. Finkelstein, C. Robin, T. Römer (ed.) *Texts and Artifacts in Ancient Near East. Studies presented to Benjamin Sass*: 385-395. Paris: Van Dieren.

RÖMER, T. 2016b. "Par amour et pour garder le serment fait à vos pères" (Dt 7,8). Les notions de peuple de Yhwh et d'élection dans le livre du Deutéronome et la tradition deutéronomiste, dans F. LESTANG, M.-H. ROBERT, P. ABADIE, M. RASTOIN (dir.) *"Vous serez mon peuple et je serai votre Dieu" (Ez 36,28). Réalisations et promesses* : 113-134. Namur : Lessius.

Römer, T. 2017a. *L'invention de Dieu.* Paris : Points/Seuil.
Römer, T. 2017b. Le lieu unique choisi par YHWH et la pluralité des temples dans l'idéologie deutéronomiste. *Judaïsme Ancien/Ancient Judaism* 5 : 1-22.
Sagart, L. et E. Todd. 1992. Une hypothèse sur l'origine du système familial communautaire. *Diogène* 160 : 145-175.
Sanders, S. L. 2017. *From Adapa to Enoch. Scribal Culture and Religious Vision in Judea and Babylon.* Tübingen: Mohr Siebeck.
Sass, B. 2014. On Epigraphic Hebrew 'ŠR and 'ŠRH, and on Biblical Asherah. *Transeuphratène* 46 : 47-66.
Satlow, M. L. 2018. *Comment la Bible est devenue sacrée.* Genève : Labor et Fides.
Schenker, A. 2000. *Septante et texte massorétique dans l'histoire la plus ancienne du texte de 1 Rois 2-14.* Paris : Gabalda.
Schmidt, F. 1994. *La pensée du Temple. De Jérusalem à Qoumrân.* Paris : Le Seuil.
Smith, M.S. 2017. YHWH's Original Character : Questions about an Unknown God, in J. Van Oorschot, M. Witte (ed.) *The Origins of Yahwism*: 23-43. Berlin-Boston: De Gruyter.
Sommer, B.D. 2011. Dating Pentateuchal Texts and the Perils of Pseudo-Historicism, in T.B. Dozeman, K. Schmid, et B.J. Schwartz (ed.) *The Pentateuch: International Perspective on Current Research*: 85-108. Tübingen: Mohr Siebeck.
Spinoza, B. 2015. *Traité théologico-politique.* Paris : Allia.
Stroumsa, G. G. 2017. *Religions d'Abraham. Histoires croisées.* Genève : Labor et Fides.
Szuchman, J. (ed.) 2009. *Nomads, Tribes, and the State in the Ancient Near East. Cross-Disciplinary Perspectives.* Chicago: Chicago University Press.
Tebes, J.M. 2015. The Archaeology of the Desert Cults and the Origins of Israel's God. *The Near Eastern Archaeology Foundation* 58: 13-15.
Tebes, J.M. 2017. The Southern Home of Yahweh and Pre-Priestly Patriarchal/Exodus. Traditions from a Southern Perspective. *Biblica* 98: 166-188.
Tebes, J.M. [à paraître]. The Archaeology of Cult of Ancient Israel's Southern Neighbors and the Midianite-Kenite Hypothesis, in H. Mazuz (ed.) *Jews and Judaism in Northern Arabia*. Leiden: Brill.
Teixidor, J. 2003. *Mon père, l'Araméen errant.* Paris : Albin Michel.
Testart, A. 2004. *L'origine de l'État. La servitude volontaire II.* Paris : Errance.
Testart, A. 2005. *Éléments de classification des sociétés.* Paris : Errance.
Testart, A. 2012. *Avant l'histoire. L'évolution des sociétés de Lascaux à Carnac.* Paris : Gallimard.
Testart, A. 2018. *L'institution de l'esclavage. Une approche mondiale.* Paris : Gallimard.
Testart, A. 2019 [à paraître]. *Principes de sociologie générale.* Paris : éditions du CNRS.
Todd, E. 2011. *L'origine des systèmes familiaux.* Paris : Gallimard.
Todd, E. 2017. *Où en sommes-nous ? Une esquisse de l'histoire humaine.* Paris : Le Seuil.

TROPPER, J. 2017. The Divine Name *Yahwa, in J. VAN OORSCHOT, M. WITTE (ed.) *The Origins of Yahwism*: 1-21. Berlin-Boston: De Gruyter.

TUGENDHAFT, A. 2017. *Baal and the Politics of Poetry*. Londres-New York: Routledge

VAN DER TOORN, K. 2007. *Scribal Culture and the Making of the Hebrew Bible*. Cambridge: Harvard University Press.

VAN DER TOORN, K. 2017. *Papyrus Amherst 63*. Münster: Ugarit-Verlag.

VAN OORSCHOT, J. and M. WITTE (ed.) 2017. *The Origins of Yahwism*. Berlin-Boston: De Gruyter.

VIANÈS, L. 2017. *Naissance de la Bible grecque*. Paris : Les Belles Lettres.

WATTS, J.W. 2008. Ritual Rhetoric in the Pentateuch : the Case of Leviticus 1-16, in T. RÖMER (ed.) *The Books of Leviticus and Numbers* : 305-318. Leuven: Peeters.

WILL, E. et C. ORRIEUX 1986. *Ioudaïsmos-Hellénismos. Essai sur le judaïsme judéen à l'époque hellénistique*. Nancy : Presses Universitaires de Nancy.

WISE, M., M. ABEGG et E. COOK 2003. *Les manuscrits de la mer Morte*. Paris : Tempus/Perrin.

ZAHN, M. 2014. "Editing" and the Composition of Scripture. The Significance of the Qumran Evidence. *Hebrew Bible and Ancient Israel* 3: 298-316.

ZAMAGNI, C. 2009. La tradition sur Moïse d'"Hécatée d'Abdère" d'après Diodore et Photius, dans P. BORGEAUD, T. RÖMER, Y. VOLOKHINE *Interprétations de Moïse. Égypte, Judée, Grèce et Rome* : 133-169. Leiden : Brill.

ZIEGLER, N. 2001. Amorrite, dans JOANNÈS, F. (dir.) *Dictionnaire de la civilisation mésopotamienne* : 40-42. Paris : Robert Laffont.

Archaeology of the Hebrew Bible.
Scribal Culture and Yahwisms

Since the Renaissance, the question of how the Bible was written has been much debated. After the tremendous way forward due to documentary theory at the end of the 19th century, which identified 'authors' and schools of writing, a century later, a complex reality emerged, that of scribes modifying texts as they copied them. The editorial layers sometimes reveal a stratigraphy so complex that the only possible approach is to undertake an archaeology of the texts. Thus, 'The Bible' no longer appears as a controlled theological and historiographical project but as the empirical arrangement of heterogeneous texts linked together by an evolving religious ideology. While the great overall account of the first books is based on the election and migration of an entire people, the ideological foundations of Yahwism, apparent in less well-known but older texts, evoke rather a foreign god who, having reached Israelite territory, ultimately gained pre-eminence there.

In our attempt to understand the nature and origin, as well as the evolution, of this specific form of monotheism, which made a jealous god into the only God, we relied predominantly on the concept of the 'two yahwisms'. This point of view enables one to understand how a god allied with *a people* was also a god creator of the universe and of *all humanity*. Moreover, as a god's jealousy of his own people is an improbable fact in the history of religions, we have analyzed this characteristic, far removed from monotheism, by using some theoretical conceptual tools in anthropology, particularly in the anthropology of kinship. Considering a much-emphasized and evolutionary patrilineal trait in a specific culture has allowed us to offer an explanation. This monolatric ideology, which became monotheistic in the course of writing and rewriting Biblical texts on scrolls in the Jerusalem Temple circles in the Persian and Hellenistic periods, was above all an exclusivism that was reinforced on the 'longue durée' from the time of the kings of Israel (Jehu) and Judah (Josiah), through the Maccabean revolt in the 2nd century BCE, and up to the Judean revolts against Rome in the 1st and 2nd century CE.

This book is divided into two parts. Firstly, we demonstrate that the context of scribal culture, which was also the context of the writing of the Dead sea scrolls, explain the repetitions and contradictions of the Biblical texts. Bringing to light the successive layers of writing, much as an archaeologist strips stratigraphically an ancient *tell*, has led us to the discovery that ancient yahwism is not to be found in the books of the Pentateuch, but in others which retained some ancient traditions, especially the prophetical books of Hosea and Amos. Secondly, we searched for ancient yahwism in these books and some other texts, assessing archaeological data through the grid of anthropological theories, in order to clarify the systems of kinship (more or less patrilineal) amongst Iron Age Israelites, and Persian, Hellenistic and Roman period Judeans. Such archaeology of the Hebrew Bible is, in fact, an 'archaeology' of the Biblical texts, as well as the 'archaeology' of a religious ideology.

Index des noms d'auteurs

Achenbach, R., 12
Adrom, F., 57
Albert, P., 66
Albertz, R., 76
Amzallag, N., 40, 52-54, 61, 63, 69, 88, 99
Anderson, R.T., 41, 90-91
Artus, O., 14
Assmann, J., 7, 23, 51
Baden, J., 12
Barbu, D., 95
Bardet, S., 4
Beentjes, P.C., 40
Berlejung, A., 64
Berthelot, K., 93
Blum, E., 12
Bonnet C., 66
Bottéro, J., 16, 23
Briend, J., 61
Chabbi, J., 74
Chambon, A., 78
Charpin, D., 50, 56
Clastres, P., 82
Cline, E.H., 47
Cohen, S.J.D., 97
Cohen-Matlofsky, C., 95
Cotton, H.M., 97

Cradic, M.S., 81
Dauphin, C., 2, 62, 91-92
Detienne, M., 1
Dogniez, C., 14
Douglas, M., 27
Durand, J.-M., 46
Elliger, K., 14
Faust, A., 76, 89
Finkelberg, M., 42
Finkelstein, I., 7, 20-21, 47, 63-64, 83
Fox, R., 79
Freud, L., 57
Gadot, Y., 47
Gelb, I.J., 80
Germany, S., 36-37
Giles, T., 41, 90-91
Glassner, J.-J., 6, 23
Gmirkin, R.E., 42
Golub, M., 86
Gonçalves, F.J., 8, 49-52, 58, 66, 68-71, 74, 82-87, 99
Grabbe, L.L., 46
Graf, F., 66
Graf, K.H., 11
Grimal, N., 45, 60
Guignard, C., 95

Guillaume, P., 46, 92, 94
Hachlili, R., 96-97
Hamidović, D., 68
Harl, M., 15, 41
Hawley, R., 34
Holladay, C.R., 4
Homsher, R.S., 81
Honigman, S., 41, 45
Houston, W., 27
Hugo, P., 39
Huot, J.-L., 4
Jean-Baptiste, P., 10, 54, 61, 63
Joannès, F., 81
Joosten, J., 30
Kaufmann, Y., 14
Keel, O., 70
Knauf, E.A., 46, 92, 94
Knohl, I., 14
Knoppers, G.N., 90
Kramer, S.N., 16, 23
Krebernik, M., 53, 86
Lamour, D., 44
Lang, B., 51, 56, 67-68
Le Play, F., 96
Lear, S., 40
Lemaire, A., 24, 69-70, 86-87
Lemardelé, C., 8, 16, 27, 29, 32-34, 37-38, 47, 63, 68, 84
Leuenberger, M., 53
Levinson, B.M., 56
Lipschits, O., 20
Liverani, M., 20, 47
Lowie, R., 75
Luciani, D., 10
Magen, Y., 90
Marx, A., 26
Mélèze Modrzejewski, J., 89
Meshel, Z., 57
Mézange, C., 94

Milgrom, J., 14, 26-27, 34
Milstein, S.J., 6, 20
Müller, M., 57
Müller, R., 53
Murdock, G., 75
Na'aman, N., 20, 61
Nihan, C., 90
Nocquet, D., 69, 90
Nodet, E., 42-43, 89, 93, 95
Noth, M., 5, 36
Orrieux, C., 93
Otto, E., 35, 55
Pakkala, J., 53-54
Pardee, D., 6
Pfeiffer, H., 57
Pogor, C., 38
Popko, L., 71, 83
Puech, E., 86
Rainey, A.F., 33
Regev, E., 96
Richelle, M., 61
Römer, T., 7, 9, 11-13, 15, 17, 19-21, 23-26, 29, 39-40, 49, 52-53, 56, 61, 69, 86, 93
Rowton, M., 46
Sagart, L., 74-75
Sanders, S.L., 22
Sass, B., 86
Satlow, M.L., 3, 6
Schenker, A., 39
Schmidt, F., 36, 84
Schmitt, R., 76
Seux, M.-J., 61
Smith, M.S., 53
Sommer, B.D., 12
Spinoza, B., 3, 5, 11, 98
Stackert, J., 12
Stroumsa, G.G., 20
Szuchman, J., 46
Tebes, J.M., 52-54, 57, 61, 63

Teixidor, J., 47
Testart, A., 74, 80, 82
Todd, E., 74-75, 79-82, 94, 96-97
Tropper, J., 53
Tugendhaft, A., 6, 55, 66, 70, 83
Uehlinger, C., 70
Van der Toorn, K., 6, 52
Van Oorschot, J., 53
Vernant, J.-P., 4
Vianès, L., 41
Von Rad, G, 12
Watts, J.W., 30
Weber, M., 52
Wellhausen, J., 5, 11, 36
Will, E., 93
Wise, M., 16
Witte, M., 53
Yona, S., 69
Zahn, M., 28
Zamagni, C., 4, 45
Ziegler, N., 70